피천득 문학 전집 1

시집
꽃씨와 도둑

피천득 문학 전집 1

시집
꽃씨와 도둑

정정호 책임 편집

범우사

일러두기

1. 수록 작품 선정 원칙은 첫 번째 발표된 신문, 잡지에 발표된 작품들과 그 후 누적적으로 출간된 시집에서 모든 작품을 찾아 싣는 것이다. 시 본문은 시인이 직접 편집에 참여해서 출간된 1997년판 시집 《생명》에 의거하였다. 이 시집에 실리지 않고 새로 추가되는 작품들은 신문, 잡지, 국정 교과서 등에 실렸던 작품들이다.
2. 작품 배열의 대원칙은 가능한 발표 연대순을 따르는 것이다. 이를 위해 작품이 처음 발표되기 시작한 1930년대 《동아일보》, 《신동아》, 《신가정》, 《동광》, 《사상계》 등의 잡지를 점검, 대조했으며 첫 시집인 《서정시집》(1947), 《금아시문선》(1959), 《산호와 진주: 금아시문선》(1969), 《금아시선》(1980) 등을 모두 수합하여 출간 연도를 추정하였다. 그리고 본문 각 작품의 끝 부분 괄호 안에 발표연도를 표기하였다.
3. 시 번역중 번역 개작(改作)한 작품은 창작으로 간주하여 이 시선집에 포함시켰다.
4. 작품 배열의 원칙은 1930년대 주로 쓴 아가 시 편, 동물 시 편, 번역 개작시 편으로 나누고 총 8부로 구성하되 이들도 발표연대를 고려했다.
5. 시집이나 시문집에 초판에 붙였던 헌사, 제사, 서문 등을 그대로 실었다.
6. 후에 제목이 바뀌었거나 내용이 바뀐 작품은 최종판에 의거하였다.
7. 작품 본문은 되도록 맞춤법, 띄어쓰기, 부호 등 오늘날 어법에 맞추었다.
8. 작품에 나오는 외래어는 오늘날 외래어 표기법에 따라 바꾸었고 한자 등 외래어는 꼭 필요한 경우에는 표기했다.

| 머리말 |

피천득 문학 전집(전7권)을 내면서

　　　　요즘은 과거에 비해 사람들이 시를 많이 읽지 않습니다.… 요즘의
시대가 먹고 사는 게 너무나 힘들고 경쟁이 치열하기 때문이라는 생각이
들기도 합니다. 남을 누르고 이겨야 살 수 있는 세계에서 시는 사실 잘 읽
히지 않습니다. 하지만 그럴수록 오히려 시를 가까이 두고 읽어야 할 필
요가 있습니다. 시는 영혼의 가장 좋은 양식이고 교육입니다. 시를 읽으
면 마음이 맑아지고 영혼이 정갈해집니다. 이것은 마른 나무에서 꽃이
피는 것과 같은 일입니다.

　　　　　　　　　　　　　— 피천득, 〈시와 함께한 나의 문학 인생〉 (2005)

　피천득은 1910년 5월 29일 서울 종로 청진동에서 태어났다. 3개
월 후 8월 29일, 한반도에서 500년 이상 지속된 조선왕국이 경술국치
로 식민제국주의 일본에 강제 병합되는 민족 최대의 역사적 비극이
일어났다. 우리 민족 최대 수치의 날, 피천득은 태어난 지 3개월 만에
나라를 잃어버린 망국민(亡國民)이 되었다. 더욱이 7세에 아버지를 여
의고 10세에 어머니마저 잃은 고애자(孤哀子) 피천득은 문자 그대로

천애 고아가 되었다. 금아 피천득에게 망국민의식과 고아의식은 그의 삶, 문학, 사상의 뿌리로 자리 잡게 되었다. 특별히 일찍 여읜 '엄마'에 대한 간절한 그리움과 기다림의 서정성과 일제강점기에 대한 반항 정신이 교묘하게 배합되어 있다. 금아의 짧고 아름다운 서정시와 수필은 이런 엄혹한 식민지 수탈시대를 견디어 내면서 피어난 사막의 꽃과 열매들이다. 피천득은 1991년 한 신문사와의 대담에서 "겪으신 시대 가운데 [어느 시대개] 최악"인가에 대한 질문에 "나는 일제 말이 최악이었다고 생각합니다. 당시 아무런 희망이 없었어요. 정말 암담했습니다. 생활 자체도 너무 어려웠다."라고 답변했다.

시문집 《산호와 진주》(1969)에서 산호와 진주는 피천득 삶과 문학의 표상이다. 〈서문〉에서 밝혔듯이 산호와 진주는 그의 '소원'이나 그것들은 "바다 속 깊이깊이" 있었고 "파도는 언제나 거세고 바다 밑은 무"서웠다. 산호와 진주는 피천득의 무의식 세계다. 망국민 고아가 거센 파도와 무서운 바다라는 일제강점기의 황량한 역사 속에서 쉽사리 현실을 찾아 나설 수는 없다. 결국, 피천득은 마음속 깊이 묻어둔 생각과 이미지들을 모국어로 주조하여 아름다운 산호와 진주라는 서정적 문학 세계를 창조해냈다. 그는 바다처럼 깊고 넓은 꿈이 있었기에 어두운 현실에 굴복하지 않고 기다리며 문학이라는 치유과정을 거쳐 사무사(思無邪)의 경지에 이르게 된 것이다.

피천득 시와 수필에 자주 등장하는 하늘, 바다, 창공, 학, 종달새 등은 억압된 무의식 세계가 자유를 갈구하는 강력한 흐름으로, 이러한 하강과 상승의 역동적 나선형 구조는 피천득 문학의 토대다. 문인과 학자로서 피천득은 거의 100년 가까이 초지일관 겸손, 단순, 순수를 실천하며 지행합일의 정면교사(正面敎師) 삶을 살았다. 문학은 녹색 식물처럼 궁핍한 시대와 현실에서도 그 토양에서 각종 자양분을 빨아들이고 대기에서 햇빛을 받아들여 생명의 원천인 엽록소를 만들어 내는 광합성 작용을 통해 피천득 삶의 뿌리가 내려졌고 아름다운 열매가 맺혔다.

문인 피천득은 1926년 《신민》(新民) 2월호에 첫 시조 〈가을비〉를 발표하였고 1930년 4월 7일 《동아일보》에 첫 시 〈차즘〉(찾음)으로 등단하였다. 1930년대에 《신동아》, 《동광》, 《신가정》 등 신문, 잡지에 시와 시조를 지속해서 발표함으로써 시인으로의 긴 문학 인생을 시작하였다. 그러나 피천득은 일제강점기의 문화억압과 역사침탈이 극에 달했던 1938년부터 1945년 해방 전까지는 글쓰기를 멈추었다. 그에게 이런 절필은 일종의 "소극적 저항"이었다. 해방 후 피천득은 지난 17년간에 걸쳐 쓴 시들을 모아 첫 시집 《서정시집》(상호출판사, 1947)을 펴냈다.

금아 선생의 첫 수필은 1932년 5월 8일자 《동아일보》에 실린 〈은전 한 닢〉이다. 이후 피천득은 시인보다는 〈수필〉, 〈인연〉 등의 수필가로 알려지게 된다. 문학 인생을 시로 시작한 피천득 본인도 이 사실에 아쉬움을 토로한 바 있으나, 사실 그의 서정시와 짧은 서정 수필은 형식과 운율에서 하나가 될 수 있다. 피천득은 첫 시집을 낸 지 12년 만인 1959년 시, 수필, 번역을 묶어 《금아시문선》(경문사, 1959)을 펴냈고, 그 후 다시 10년 뒤 그간에 쓴 시와 수필을 묶어 《산호와 진주: 금아 시문선》(1969)을 일조각에서 냈다. 다시 10여 년 후 1980년 그는 비로소 본격적인 시집 《금아시선》(일조각, 1980)과 수필집 《금아문선》(일조각, 1980)을 각각 출판했다.

 피천득의 작품집 발간의 특징은 매번 새로운 시집이나 수필집을 내기보다 이전 작품을 개정 증보하는 방식이어서 그의 작품집을 보면 문학적 성장과 변화의 궤적이 그대로 드러난다. 초기 서정시와 서정 수필의 기조를 평생 지속한 피천득은 작품 활동한 지 40여 년이 지난 1970년대에 또다시 거의 절필한다. 좋은 작품을 더 이상 쓸 수 없다면 글쓰기를 중지해야 한다고 믿었다. 지나친 결벽성으로 피천득은 아쉽게도 평생 100편 내외의 시집 한 권, 수필집 한 권뿐이라는 지독한 과작(寡作)의 작가가 되었다.

 번역은 피천득의 문학 생애에서 매우 중요하다. 피천득은 1926년 9월 《동아일보》에 프랑스 작가 알퐁스 도데의 단편소설 〈마지막 수업〉을 번역하여 4회에 걸쳐 연재하였다. 그는 일제강점기 당시 모국어의 중요성을 알리기 위해 약관 16세 나이에 최초 번역을 발표하였다. 어떤 의미에서 시와 수필을 본격적으로 쓰기에 앞서 번역을 한 셈인데, 피천득은 영문학 교수였지만 번역은 창작과 상호 보완되는 엄연한 문학 행위로 여겼다. 1959년 나온 《금아 시문선》에는 외국시 번역과 자작시 영역을 포함하는 등, 번역을 독립적 문학 활동으로 삼았다. 이런 의미에서 정본(定本) 전집에 번역작업은 반드시 포함되어야 한다. 번역은 피천득에게 외국 문학의 단순한 영향문제보다 모국어에 대한 감수성 제고와 더 깊은 관계가 있으며, 피천득 전집 7권 중 번역이 4권으로 양적으로도 가장 많다. 여기서 번역문학가 피천득의 새로운 위상이 드러난다.

 또한, 피천득은 별로 알려지지 않았지만 많은 산문을 썼다. 동화, 서평, 발문, 평설, 논문 등 아주 다양하다. 그동안 우리는 피천득의 '수필'에만 집중했는데, 이제는 그의 '산문'도 읽고 살펴보아야 할 때가 되었다. 사실 문인 피천득은 어떤 한 장르에 매이지 않고 폭넓게 쓴 다면체적 작가다. 하지만 순혈주의에 경도된 우리 문단과 학계는 이러한 다-장르적 문인을 높이 평가하지 않는 경향이 있다. 혼종의 시대인 21세기 예술은 이미 다-장르나 혼합장르가 부상하고 있다. 따라서 피천득 문학을 논할 때 시, 수필, 산문, 번역을 모두 종합적으로 살피는 것이 절대적으로 필요하다.

학자와 문인으로 금아 피천득의 삶은 어떠했던가. 일제강점기 등 험난한 한국 최근세사를 거의 100년간 살아내면서 그는 삶과 문학과 사상을 일치시켰다. 일제강점기의 끝 무렵인 1930년대 말부터 해방될 때까지 상하이 유학을 마치고 돌아온 홍사단우 피천득은 불령선인(不逞鮮人)[반일 반동분자]으로 낙인찍혀 변변한 공직을 얻지 못했다. 일제의 모국어 말살 정책으로 절필하고 금강산에 들어가 1년간 불경 공부하면서 신사참배와 일본식 성명 강요에 굴복하지 않았다. 피천득은 그 후로도 모든 종류의 억압과 착취에 저항하는 정치적 무의식을 지니고 일생 "소극적 저항"의 삶을 유지했다. (순응적 인간보다 저항적 인간을 더 좋아한 피천득은 1970—80년대 대표적 저항 지식인 리영희선생과의 2003년 대담에서 괴테보다 베토벤을 높게 평가했다. 그 이유는 어느 날 그 지역 통치자인 대공(大公)이 탄 큰 마차가 지나가자 괴테는 고개를 숙여 묵례를 올렸으나 베토벤은 그렇게 하지 않았기 때문이다. 피천득이 제일 좋아하는 음악은 베토벤의 것이었고 저항적 인간 베토벤을 더 존경하고 사랑하였다. 피천득은 일제강점기와 그 이후에도 이런 의미에서 "소극적 저항"의 문인이었다.)

2005년에 쓴 〈시와 함께한 나의 문학인생〉은 피천득 문학의 회고

이자 하나의 문학 선언문이다. 인간으로서 문인으로서 선비로서 피천득의 정직하고 검박한 삶은 궁핍한 시대를 살아가는 한 사람으로 우리가 본받을만한 "큰 바위 얼굴"이다. 삶과 문학과 사상이 일치하지 않는다면 그 밖에 모든 문학적 업적이 무슨 소용일까 라는 생각마저 든다. 피천득의 글을 읽을 때 이런 면을 종합적으로 숙고해야 그의 문학 세계를 균형 있고 온전하게 평가할 수 있으리라.

피천득 자신이 직접 밝힌 문학의 목표는 "순수한 동심", "맑고 고매한 서정성", "위대한 정신세계(고결한 정신)"이다. 이 세 가지가 피천득의 시, 수필, 산문, 번역을 지배하는 3대 원칙이고, 그의 삶과 문학의 대주제는 '사랑'이다. 그는 문학의 본질을 '정(情)'으로 보았고 후손들에게 '사랑'하며 살았다는 최종 평가를 받고 싶어 했다. 문학에서 거대담론이나 이념을 추구해보다 가난한 마음으로 보통사람의 일상생활에서 사소하고 작은 것들에 관심과 사랑을 가지고 주위 사람들에게 공감하고 배려하려 애썼다. 피천득은 기억 속에서 과거의 빛나는 순간을 찾아내고 작은 인연이라도 소중히 여기고 가꾸면서 살았다.

나아가 그는 언제나 커다란 자연 속에서 자신의 삶과 문학을 조화시키고 이끌어 가려고 노력했다. 여기서 피천득 문학의 '보편성'이 제기된다. 피천득의 수필집 《인연》이 2005년과 2006년 각각 일본과 러시아에서 번역 소개되었는데, 일본어와 러시아어 번역자는 자국 독자들에게 쉽게 다가갈 수 있는 피천득 수필의 보편성을 언급하였다. 피천득 문학이 더 많은 외국어로 번역 소개된다면 그 보편성은 더욱더 확대될 것이다. 무엇보다도 황폐한 시대와 역사를 위한 피천득 문학의 역할은 치유와 회복의 기능이리라.

결국, 피천득 문학의 궁극적 가치는 무엇인가? 그것은 무엇보다도 그의 시, 수필, 산문, 번역에 풍부하게 편재해 있는 '인간성'에 관한 통찰력에서 오는 보편성 또는 일반성일 것이다. 위대한 문학은 생명공동체인 지구에서 함께 살아가는 인간과 자연 속에서 시간과 장소를 초월하는 일상적 삶의 '구체적 보편성'을 재현하는 것이기 때문이다. 피천득 문학은 이 보편적 인간성 위에 새로운 문화 윤리로 살과 피로 만들어진 인간에 대한 '사랑'(피천득의 '정'이 확대된 개념)을 내세운다. 이러한 소시민적 삶의 보편성은 그의 일상적 삶 속에 스며들어 피천득은 스스로 선택한 가난 속에서 살아가며 계절마다 항상 꽃, 새, 나무, 바다, 하늘, 별 등에 이끌려 살아가려고 노력했다. 피천득의 사랑의 철학은 석가모니의 '대자대비'(大慈大悲), 공자의 '인'(仁), 예수의 '사랑'에서 나온 것이리라. 피천득 문학을 통해 우리는 일상생활에서 사랑을 역동적으로 실천하고 작동시킬 수 있는 추동력을 얻어야 할 것이다.

흔히 피천득은 작고 아름다운 시와 수필을 쓰는 고아하고 조용한 작가로 여겨지고, 격변의 역사를 살았던 그의 문학에 역사의식이나 정치의식이 부족함을 지적받기도 하였다. 한 작가에게 모든 것을 요구할 수는 없겠지만 피천득의 초기 작품부터 꼼꼼히 읽어보면 "조용한 열정"이 느껴진다. 1930년대 《신동아》에 실렸던 시 〈상해 1930〉과 특히 시 〈불을 질러라〉는 과격할 정도이고, 1990년대에 쓴 시 〈그들〉도 치열한 인류 문명과 역사비판이다. 그러므로 우리는 금아 문학을 순수한 서정성에만 가두지 말고 본인이 선언한 일종의 "소극적 저항"을 제대로 짚어내야 한다. 결단코 모국어 사랑, 민족, 애국심을 잃지 않았던 피천득을 균형 있게 이해하고 평가하려면 정치적 무의식을 염두에 두고 피천득 다시 읽기와 새로 쓰기를 위한 일종의 "대화적 상상력"이 필요할 것이다.

오늘날 피천득 문학은 문단과 학계에서 어떤 평가를 받고 있는가? 피천득의 일부 수필과 번역이 1960년대, 70년대에 국정교과서에 실리기 시작했고 1990년대부터 수필이 대중문학 장르로 부상하면서 피천득 수필의 인기는 "국민 수필가"라고 불릴 정도로 한때 매우 뜨거웠다. 그러나 문단과 학계에서는 타계한 지 15년이 가까워져 오는데도 피천득에 대해 합당한 문학사적 평가가 이루어지지 않는 듯하다.

그렇다면 저평가의 이유가 무엇일까? 피천득은 술, 담배, 커피를 못하기 때문인지 일체의 문단 활동이나 동인지 운동 등 소위 문단 정치에 참여하지 않았다. 그는 대한민국 예술원 회원 추천도 완강하게 거절하였다. 그를 작가로서 끌어주고 담론화하는 문단 동료나 국문학계 제자가 없는 것이다. 또 다른 이유라면 그가 써낸 작품 수가 매우 적다는 사실이다. 고작해야 시집 1권, 수필집 1권뿐이니 논의하고 연구할 것이 부족하다고 느끼는 것일까? 나아가 장르 순수주의를 높이 평가하는 우리 문단과 학계의 풍토에서 한 장르 전업 작가가 아니고 일생 영문학 교수로 지내며 시, 수필, 산문, 번역의 여러 장르 창작에 종사하였기에 논외로 던져진 것은 아닌지 모르겠다. 그러나 전통 학계에서 아직도 시, 소설 등의 주요 장르와 대비되는 주변부 장르이기 때문인지 그가 이름을 올린 수필 장르에서도 피천득은 진지하게 논의되고 있지 못하다. 이번 일곱 권의 피천득 문학전집 간행을 계기로 이러한 무지와 오해와 편견이 해소되어 피천득이 한국 현대 문단사와 문학사에서 온전하고 합당한 평가를 받게 되기 바란다.

올해 2022년은 영문학 교수로 지내며 시인, 수필가, 산문가, 번역

가로 활동한 금아 피천득 선생이 태어난 지 112년, 타계한 지 15년이 되는 해다. 지금까지 출간된 그의 작품집은 번역까지 포함하여 선별되어 나온 4권뿐이다. 이 작품집들은 일반 대중 독자들에게 많은 사랑을 받아왔으나 고급독자와 연구자들에게는 아쉬움이 많다. 초기에 발표했던 신문, 잡지에서 새로이 발굴된 미수록 작품 다수가 수록되지 않았기 때문이다. 한 작가에 대한 온전한 논의와 연구를 위해 그 선행작업으로 그 작가의 전체작품이 들어있는 정본 결정판이 반드시 마련되어야 하는데 피천득의 경우 아직 마땅한 전집이 없다. 이에 편집자는 전 7권의 피천득 문학 전집을 구상하게 되었다.

편집자는 피천득 탄생 100주년인 2010년부터 10여 년간 피천득 문학 전집을 준비해왔다. 기존의 시집, 수필집, 셰익스피어 소네트집, 번역시집 4권의 작품집에 미수록된 작품들과 새로 발굴된 작품들을 추가했으며, 산문집, 영미 단편 소설집과 《셰익스피어 이야기》를 새로 추가했다. 이 7권의 피천득 문학 전집이 완벽한 결정판 정본(定本, Definitive Edition)은 아니지만 우선 피천득 문학의 전체 모습을 수립하는 데 도움이 되기를 바란다. 이것은 시작이고, 이번 전집은 디딤돌과 마중물에 불과하다. 이 전집은 의도하지 않은 오류가 있을 수 있다. 이 모든 잘못의 책임은 전적으로 편집자인 나에게 있다. 이후에 후학들에 의해 완벽한 결정판 전집이 나오기를 고대한다.

이제 《피천득 문학 전집》(전7권) 각 권의 내용을 대략 소개한다.

제1권은 시 모음집이다. 1926년 첫 시조 〈가을비〉와 1930년 4월 7일 《동아일보》에 실린 첫 시 〈찾음〉을 필두로 초기 시를 다수 포함하였다. 그리고 지금까지 나와 있는 시집들과 다르게 모든 시를 가능한 발표연대 순으로 배열하였다. 창작시기와 주제를 감안하여 시집의 구성을 1930년대에서 2000년대까지 총 8부로 나누어 묶었다. 이전 시집에 실려있지 않은 일부 미수록 시들 중에는 작품의 질이 문제 되는 경우가 있다. 시 창작이 가장 활발했던 1930년대는 아기와 어린이 시, 동물시, 사랑의 시(18편), 번역 개작시(改作詩) 부분을 별도로 구성하였다. 피천득이 특이하게도 에드먼드 스펜서의 소네트 2편과 셰익스피어 소네트 154편 중 6편을 짧은 자유시와 시조체로 번안, 개작한 것도 창작으로 간주하여 이 시집에 실었다. 그것은 피천득의 이런 개작 작업이 단순한 번역 작업이기보다 개작을 통해 원문을 변신시킨 문학 행위로 '창작'이기 때문이다. 이런 노력은 서양의 소네트 형식을 한국시 전통과 질서로 재창조한 참신한 시도로 여겨진다. 이로써 일반독자나 연구자 모두 피천득 시 세계의 확장된 지형(地形)을 알 수 있을 것이다.

제2권은 수필 모음집이다. 기존의 수필집과 달리 본 수필집 역시 앞의 시집처럼 연대와 주제를 고려하여 크게 3부로 나누었다. 이 수필집에는 지금까지 미수록된 수필을 발굴해 실었다. 피천득은 흔히 수필을 시보다 훨씬 나중에 쓴 것으로 알려져 있으나 사실 그는 초기부터 수필과 시를 거의 동시에 창작하였다. 피천득은 엄격한 장르 개념을 넘어 시와 수필을 같은 서정문학으로 보았다. 예를 들어 어떤 수필은 행 갈이를 하면 한 편의 시가 되고, 어느 시는 행을 연결하면 아주 짧은 수필이 된다. 피천득 수필문학의 정수는 한 마디로 '서정성'이다.

제3권은 넓은 의미의 산문 모음집이다. 이 산문집에는 수필 장르로 분류되기 어려운 글과 동화, 서평, 발문, 추천사 그리고 상당수의 평설과 긴 학술논문도 일부 발췌하여 실었다. 여기서도 모든 산문 작품을 일단 장르별로 분류한 다음 발표 연대순으로 실어 일반독자나 연구자들이 일목요연하게 피천득의 산문 세계를 볼 수 있게 했다. 여기 실린 글 대부분이 거의 처음 단행본으로 묶였으므로 독자들에게 피천득의 새로운 산문 세계를 크게 열어 주리라 믿는다.

제4권은 외국시 한역시집인 동시에 한국시 영역시집이다. 피천득은 영미시 뿐 아니라 중국 고전시, 인도와 일본 현대시도 일부 번역하였다. 특히 이 번역집에는 기존의 번역시집과 달리 피천득의 한국시 영역이 포함되었다. 피천득은 1950, 60년대에 자작시 영역뿐 아니라 정철, 황진이의 고전 시조, 한용운, 김소월, 윤동주, 서정주, 박목월, 김남조 등의 시도 영역하여 한국문학 세계화의 역할을 담당했다. 이 부분은 문단과 학계에 거의 처음으로 공개되는 셈이다. 한역이건 영역이건 피천득의 번역 작업은 한국현대문학 번역사에서 하나의 전범이자 시금석이 되고 있다.

제5권은 셰익스피어 소네트 번역집이다. 피천득은 1954~55년 1년간 하버드대 교환교수 시절부터 60년대 초까지 셰익스피어 소네트 154편 전편 번역에 매진하였다. 그 결과 그의 소네트 번역집은 셰익스피어 서거 400주년이 되는 1964년 출간된 셰익스피어 전집(정음사) 4권에 수록되었고, 훗날 단행본으로 출간되었다. 역자 피천득이 직접 쓴 셰익스피어론, 소네트론, 그리고 소네트와 우리 전통 정형시 시조

(時調)를 비교하는 글까지 모두 실었다. 이 번역시집은 일생 셰익스피어를 사랑하고 존경했던 영시 전공자 피천득의 능력이 충분히 발휘된 노작이며 걸작이다. 독자들의 편의를 위해 소네트 영문 텍스트를 행수까지 표시하여 번역문과 나란히 실었다.

제6권은 외국 단편소설 6편의 번역집이다. 이 단편소설 번역은 해방 전후 주로 어린이들과 청소년을 위한 것으로, 피천득은 일제강점 초기부터 특히 어린이 교육에 관심이 높았다. 피천득은 새로운 근대민족 국가를 이끌어갈 어린이들을 제대로 가르치는 일, 특히 문학으로 상상력 함양교육을 강조했다. 1908년 최남선의 한국 최초 잡지 《소년》이 창간되었고, 1920년대부터 소파 방정환의 글을 비롯해 많은 문인이 아동문학에 참여하였다. 이 6편 중 알퐁스 도데의 〈마지막 수업〉과 〈큰 바위 얼굴〉은 개역되어 국정 국어 교과서에 실렸다. 독자들의 편의를 위해 일부 단편소설의 서양어 원문 텍스트를 부록으로 실었다.

제7권은 19세기 초 수필가 찰스 램과 메리 램이 어린이들을 위해 쓴 《셰익스피어 이야기들》의 번역집이다. 램 남매는 셰익스피어의 극 38편 중 사극을 제외하고 20편만 골라 이야기 형식으로 축약, 각색, 개작하여 *Tales from Shakespeare*(1807)를 펴냈다. 피천득은 1945년 해방 직후 경성대 예과 영문학과 교수로 부임한 뒤 어렵지 않은 이 책을 영어교재로 택했고, 그후 서울 시내 대학의 영어교재로 이 책이 많이 채택되었다고 한다. 피천득은 이 책을 영어교재로 가르치면서 틈틈이 번역하여 1957년 단행본으로 출간하였는데, 기이하게도 이 번역본을 아무도 주목하지 않았다. 그동안 별로 알려지지 않았던 번역문학자 피천득의 위상을 이 번역본이 다시 밝혀주는 계기가 되기를 기대한다. 번역본의 작품배열 순서가 원서와 약간 다르나 역자 피천득의 의도를 존중해 그대로 두었다. 또한 번역문은 현대어법에 맞게 일부 수정하였음을 밝힌다.

각 권마다 끝부분에 비교적 상세한 '작품 해설'을 달았다. 피천득을 처음 읽는 독자들에게 도움이 되었으면 좋겠다.

지난 수십 년 동안 편집자가 금아 피천득을 계속 읽고 꾸준히 글을 쓰는 것은 나 자신을 갱신하고 변신시키기 위함이었다. 나는 금아 선생을 사랑하고 존경하는 대학 제자이고 애독자지만 금아 선생을 닮은 구석이 하나도 없어 항상 부끄럽다. 주로 학술 논문만을 써온 나는 단순하지 않고 복잡하고 여유도 모르고 바쁜 삶을 살아왔다. 글도 만연체라 재미없고 길기만 하다. 나의 어지러운 삶과 둔탁한 글에 금아 선생은 해독제(antidote)이다. 정면교사이신 금아 선생의 순수한 삶과 서정적 글을 통해 방만한 나의 삶과 복잡한 나의 글을 정화해 거듭나고 변신하고 싶다. 이번 금아 피천득 문학 전집(전 7권)을 준비해온 지난 십수 년은 내가 닮고 싶은 피천득의 길로 들어가는 "좁은 문"을 위한 하나의 단계에 불과하다. 앞으로 여러 단계를 거친다면 금아 피천득의 삶과 문학의 세계로 조금이라도 다가갈 수 있을까?

이 책을 준비하는데 많은 분들의 도움이 있었다. 우선 금아피천득선생기념사업회의 일부 재정지원이 있었다. 변주선 전 회장, 조중행 회장, 그리고 피천득 선생의 차남 피수영 박사, 수필가 이창국 교수의 실질적 도움과 끊임없는 격려가 없었다면 이 전집은 출간되지 못했을 것이다. 또한 이 전집을 위해 판권을 흔쾌히 허락해주신 민음사(주)에도 고개 숙여 감사드린다. 최종적으로 출간을 맡아주신 지난날 피천득 선생님과 친분이 두터우셨던 범우사 윤형두 회장을 비롯해 윤재민 사장, 김영석 실장, 신윤정 기자 그리고 윤실, 김혜원 선생에게 큰 고마움을 전한다.

그리고 마지막 단계에서 피천득문학전집 간행위원회에서 출판 후원금 모금 등 열성적으로 도움을 베풀어주신 변주선 위원장님, 서울대 영어교육과 동창회장 김선웅 교수와 영어교육과 안현기 교수, 그리고 총무 최성희 교수에게 깊은 감사를 드린다.

끝으로 물심양면으로 헌신하시는 금아피천득선생기념사업회의 초대 사무총장 구대회 선생과 현 사무총장 김진모 선생님께도 뜨거운 인사 드린다. 아울러 이 전집 발간을 위해 기꺼이 기부금을 희사하신 많은 후원자님들께도 큰 절을 올린다.

지난 십여 년간 이 전집을 위해 자료 수집과 입력 등으로 중앙대 송은영, 정일수, 이병석, 허예진, 김동건, 권민규가 많이 애썼다. 그리고 지난 10여 년 간 아내의 조용하지만 뜨거운 성원도 큰 힘이 되었다.

많이 늦었지만 이제야 전 7권의 문학 전집을 영원한 스승 금아 피천득 선생님 영전에 올려드리게 되어 송구할 뿐이다.

남산이 보이는 상도동 우거에서
편집자 정정호 삼가

차 례

일러두기 · 4
머리말 : 피천득 문학 전집(전7권)을 내면서 · 5
서문 · 29
신판을 내면서 · 30
화보 · 31

제 1 부 : 〈불을 질러라〉(초기시)

가을비 · 43
찾음 · 44
다친 구두 · 46
달 · 47
편지 · 48
무제 (1) · 49
기다림 (1) · 50
꿈 (1) · 51
봄 (1) · 52
불을 질러라 · 54
선물 (1) · 55

달무리 지면 · 56

만나서 · 57

이 마음 · 58

시조 9수 중 · 59

시조 9수 중 · 60

무제 (2) · 61

호외 · 62

시내 · 63

편지 사랑 · 64

파이프 · 65

제2부 : 어린 벗에게 - 아기·어린이 시편(동시·동요)

아가의 오는 길 · 69

아가의 슬픔 · 70

어떤 아가의 근심 · 71

구슬 · 72

아가의 기쁨 · 73

엄마의 아기 · 74

아침 · 75

우리 애기 · 76

어린 벗에게 · 77

무악재 · 79

국민학교 문앞을 지날 때면 · 80

아가도 알 수 없는 일 · 81

아가의 꿈 · 82

새털 같은 머리칼을 적시며 · 83

그림 · 84

교훈 · 85

어린 시절 · 86

기다림 (2) · 87

백날 애기 · 88

아가는 · 89

제3부 : 양 - 동물시편

까치 · 93

양 · 94

타조 · 95

낙타 · 96

부엉이 · 97

학 · 98

독수리 · 99

펠리컨 · 100

사자 · 101

공작 · 102

백로와 오리 · 103

제4부 : 금아 연가(전 18편)

금아 연가 1 · 107

금아 연가 2 · 108

금아 연가 3 · 109

금아 연가 4 · 110

금아 연가 5 · 111

금아 연가 6 · 112

금아 연가 7 · 113

금아 연가 8 · 114

금아 연가 9 · 115

금아 연가 10 · 116

금아 연가 11 · 117

금아 연가 12 · 118

금아 연가 13 · 119

금아 연가 14 · 120

금아 연가 15 · 121

금아 연가 16 · 122

금아 연가 17 · 123

금아 연가 18 · 124

제5부 : 생명

벗에게 · 127

생명 · 128

기다림 (3) · 130

저녁때 · 131

작은 기억 · 132

생각 · 133

이슬 · 134

바다 · 135

나의 가방 · 136

단풍 · 137

1930년 상해 · 138

8월 15일 · 139

미주이제 : 워싱턴 · 140

미주이제 : 타임즈 스퀘어 · 142

파랑새 · 143

진달래 · 145

후회 · 146

산야 · 147

찬사 · 148

조춘(早春) · 149

역장(驛長) · 150

봄 (2) · 151

꿈 (2) · 152

축복 · 153

제6부 : 이 순간

연 · 157

도산 선생께 · 158

연정 · 160

새해 · 161

이 순간 · 162

서른 해 · 164

순간 · 165

어떤 무희(舞姬)의 춤 · 166

어떤 오후 · 167

어떤 유화(油畵) · 168

노 젓는 소리 · 169

시차 · 170

낙화 · 172

길쌈 · 173

이 봄 · 174

친구를 잃고 · 175

어느 해변에서 · 176

시월 · 177

1945년 8월 15일 · 178

제7부 : 만남

비 개고 · 181

너는 이제 · 182

고목(古木) · 183

장수(長壽) · 184

만추(晩秋) · 185

잔설(殘雪) · 186

가을 · 187

너는 아니다 · 188

전해 들은 이야기 · 189

새 · 190

기억만이 · 191

꽃씨와 도둑 · 192

고백 · 193

저 안개 속에 스며 있느니 · 194

너 · 195

만남 · 196

창밖은 오월인데 · 197

제2악장 · 198

선물(2) · 199

이런 사이 · 200

그들 · 201

붉은 악마 · 202

소방 · 203

제8부 : 번역 개작시편

임은 얼음이요 · 207

사슴 물을 찾아 · 208

문득 너를 생각하면 · 209

이 세상 떠나고 싶다 · 210

어느덧 두고 갈 것을 · 211

지금도 그대 젊음 · 212

머문 듯 가는 것을 · 213

사랑만은 견디느니 · 214

그 입술 붉지마는 · 215

피천득 연보 · 216

작품 해설 · 220

피천득 문학 전집 출판지원금 후원자 명단 · 257

엄마께

깊고 깊은 바다 속에
너의 아빠 누워 있네
그의 뼈는 산호 되고
눈은 진주 되었네

셰익스피어 《태풍》 1막 2장
에어리얼의 노래

서문

　산호와 진주는 나의 소원이었다. 그러나 산호와 진주는 바다 속 깊이깊이 거기에 있다. 파도는 언제나 거세고 바다 밑은 무섭다. 나는 수평선 멀리 나가지도 못하고, 잠수복을 입는다는 것은 감히 상상도 못할 일이다. 나는 고작 양복바지를 말아 올리고 거닐면서 젖은 모래 위에 있는 조가비와 조약돌들을 줍는다. 주웠다가도 헤뜨려버릴 것들, 그것들을 모아 두었다.
　내가 찾아서 내가 주워모은 것들이기에, 때로는 가엾은 생각이 나고 때로는 고운 빛을 발하는 것들이 있는 것 같기도 하다. 산호와 진주가 나의 소원이다. 그러나 그것은 될 수 없는 일이다. 그리 예쁘지 않은 아기에게 엄마가 예쁜 이름을 지어 주듯이, 나는 나의 이 조약돌과 조가비들을 〈산호와 진주〉라 부르련다.
　나에게 글 쓰는 보람을 느끼게 하는 서영이에게 감사한다. 그리고 이 책이 나오도록 도와 주신 여러분께 감사한다.

　　　　　　　　　　　　　　　　　　　　　　　　　　피천득

신판을 내면서

《산호와 진주》 속에 들어 있던 시와 수필을 따로 떼어 《금아시선(琴兒詩選)》, 《금아문선(琴兒文選)》으로 엮은 것은 1980년 3월의 일이다.

그 후 써온 시를 더해서 1993년에 시집 《생명》을, 그리고 올해에는 잃어버릴 뻔한 수필을 몇 편 찾아내어 '인연'이라는 이름으로 이 수필집을 내게 되었다.

그동안 나는 아름다움에서 오는 기쁨을 위하여 글을 써왔다. 이 기쁨을 나누는 복이 계속되고 있음에 감사한다.

화보

금아 피천득

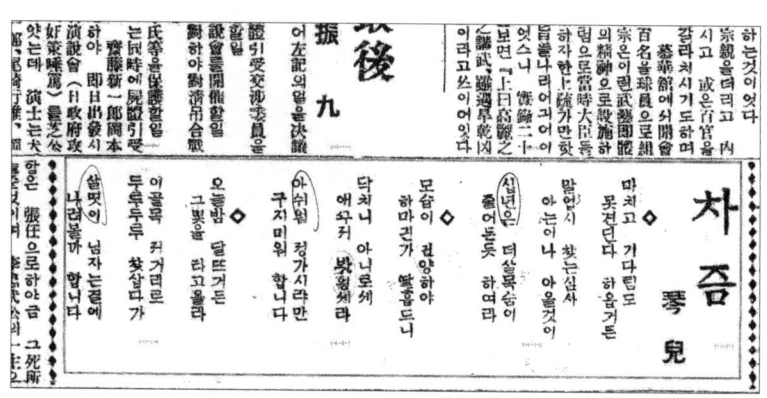

《동아일보》1930년 4월 7일자에 실렸던 최초의 자유시 〈차즘〉(찾음)

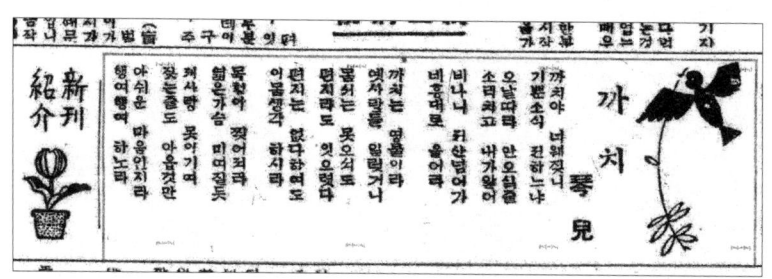

《동아일보》1932년 4월 17일에 실렸던 동물시 첫편 〈까치〉

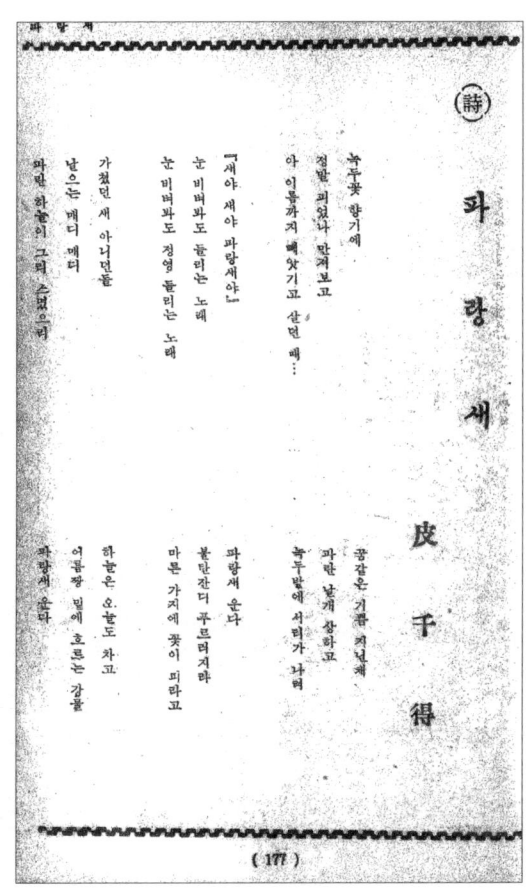

《사상계》 1958년 3월호에 실린 시 〈파랑새〉

첫 번째 시집 《서정시집》 (상호출판사, 1947) 표지
(표지 장정 청전 이상범 화백)

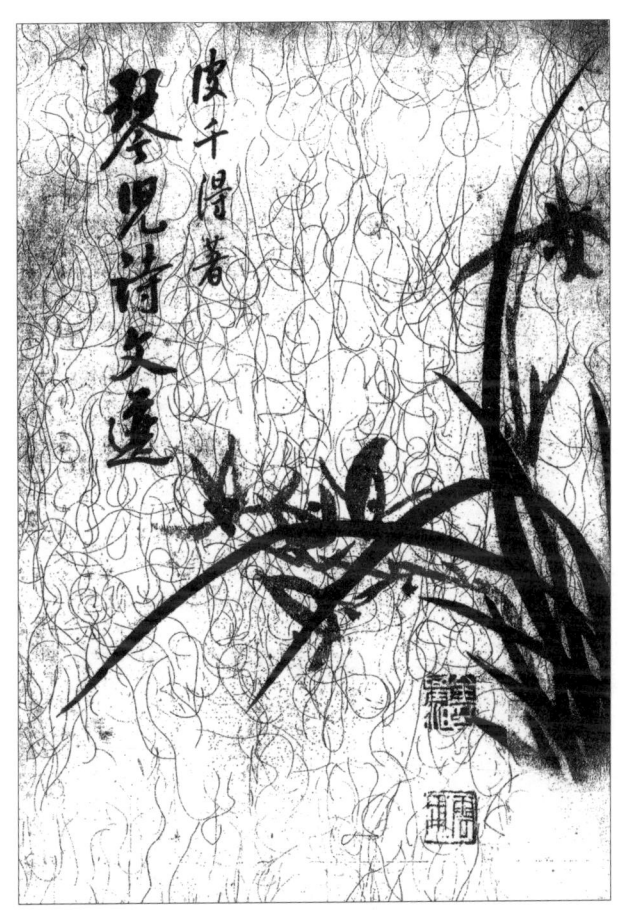

첫 번째 시문선집 《금아시문선》(경문사, 1959) 속표지
(표지 장정 운보 김기창 화백, 표지 제자 원곡 김기승 선생)

새

피천득

그때 너
한 마리 새가 되어다
하늘 날아가다
내 눈에 뜨이거든
메마른 가지에
잠시 쉬어서 가라
천년 고목은
학같이 서 있으리니

피천득 선생의 '새'(금아 선생의 자필 시.)

시집 《금아시선》(일조각, 1980) 표지

시집 《피천득 시집》(범우사, 1987)

시집 《생명》(동학사, 1993)

시집 《창밖은 오월인데》(민음사, 2018)

제1부
불을 질러라
〈초기시〉

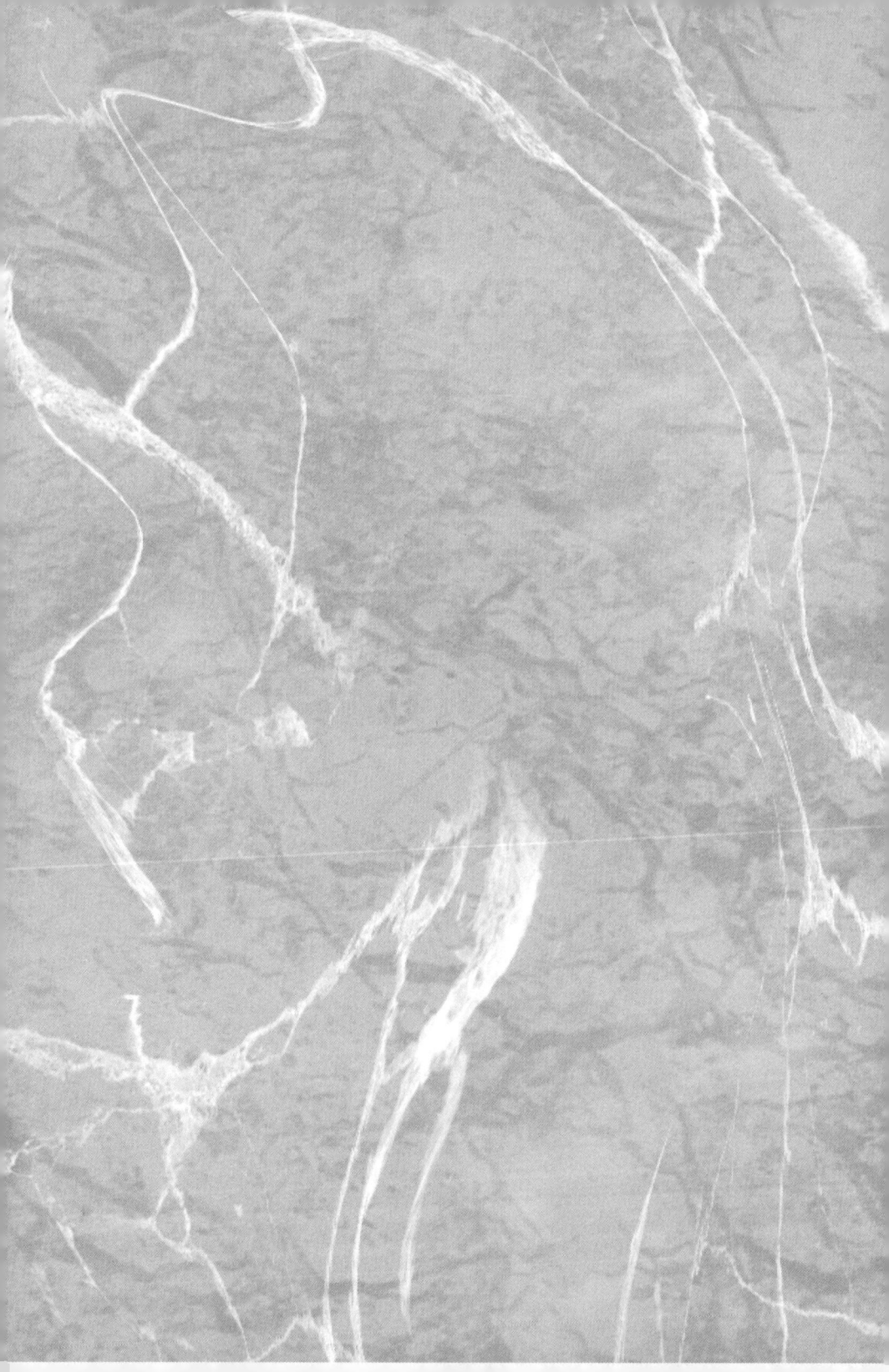

가을비

고요히 잠든 강 위 하염없이 듣는 비의
한 방울 두 방울에 벌레소리 잦아진다
아마도 이 비는 (정녕) 낙엽의 눈물인가.

(1926)

찾음

마치고 기다림도
못견딘다 하옵거든

말없이 찾는 심사
아는 이나 아올 것이

십 년은 더 살 목숨이
줄어든 듯하여라

모습이 그인가 하여
하마 그인가 따라갔더니

닥치니 아니로세
애꿎어 봣횡세라

아쉬워 정 가시랴만
굳이 미워합니다.

오늘밤 달 뜨거든
그 빛을 타고 올라

이 골목 저 거리로
두루두루 찾삽다가

살며시 님 자는 곁에
내려볼까 합니다

(1930)

다친 구두

새로 신은 구두를
심사 나쁜 아이가
코를 밟아주었어요

껍질 벗은 구두를
옷소매로 닦아도
자국 없이 안 져요

아파하는 구두를
곱게 벗어 안고서
울며 달려 왔어요

암만 다친 구두도
엄마 입김 쐬이면
덧나지 아니 하지요?

(1931)

달

달은 나만 눈에 띄면
좋아라고 따라오지요
내가 엄마 쫓아다니듯
가라 해도 따라옵니다

한 발 한 발 걸어가 보면
느즉느즉 따라오고요
깡충깡충 뛰어가 보면
얼신얼신 쫓아옵니다

달은 아마 어린애라서
나만 자꾸 쫓아다녀요
내가 무슨 엄마라고
염치 좋게 따라옵니까

(1931)

편지

오늘도 강물에
띄웠어요.

쓰기는 했지만
부칠 곳 없어

흐르는 물 위에
던졌어요.

(1931)

무제(無題)(1)

설움이 구름같이
피어날 때면
높은 하늘 파란 빛
쳐다봅니다

물결같이 심사가
일어날 때면
넓은 바다 푸른 물
바라봅니다

(1931)

기다림(1)

밤마다 눈이
내려서 쌓이지요

바람이 지나고는
스친 분도 없지요

봄이면 봄눈 슬듯
슬고야 말 터이니

자욱을 내달라고
발자욱을 기다려요

(1931)

꿈(1)

숲새로 흐르는 맑은 시내에
흰 돛단 작은 배 접어서 띄우고
당사실 닻줄을 풀잎에 매고
노래를 부르며 기다렸노라.

버들잎 늘어진 푸른 강 위에
불어온 봄바람 뺨을 스칠 때
젊은 꿈 나루에 잠들여 놓고
피리를 불면서 기다렸노라.

(1932)

봄 (1)

길가에 느린 버들
밤비에 푸르렀다.
강물에 넘친 햇빛
유난히도 빛난지고
님 뵈러 가는 길에
봄빛 더욱 짙어라

눈썹에 맺힌 구슬
무슨 꿈이 슬프신고
흰 낯에 오리오리
칠같이 감은 머리
반 열린 입술 사이는
숨소리를 맡노라

봄바람 불어들어
붉은 뺨을 스치어라
꾀꼬리 너도 와서
영창 앞에 울어다고
노곤히 잠드신 님을
나는 차마 못 깨우네.

(1932)

불을 질러라

마른 잔디에 불을 질러라!
시든 풀잎을 살라 버려라!

죽은 풀에 불이 붙으면
희노란 언덕이 발갛게 탄다
봄 와서 옛터에 속잎이 나면
불탄 벌판이 파랗게 된다

마른 잔디에 불을 질러라!
시든 풀잎을 살라 버려라!

(1932)

선물(1)

방울 한 쌍 보내주니
예쁜 맛에 넣어두라
먼 훗날 딴 세상에서
소리 듣고 찾으리라.

(1932)

달무리 지면[*]

달무리 지면
이튿날 아침에 비 온다더니
그 말이 맞아서 비가 왔네

눈 오는 꿈을 꾸면
이듬해 봄에는 오신다더니
그 말은 안 맞고 꽃이 지네

(1932)

---

[*] 이 시의 원제는 〈가신 님〉이다.

만나서

바늘 멈추옵고 긴 생각 하올 그때
님은 찬달 밟고 내 창앞을 헤맸다고
귓결에 휘파람소리 들은 듯도 합니다

열이레 겨울 달이 서창을 넘는다고
다 못한 긴 말씀을 어이 끊고 가시는고
간 뒤에 잠들 줄 아는 그 마음이 미워라

닫고 가신 덧문 님 아니고 뉘어시리
창밖에 밝은 달만 부질없이 기다리네
피어논 뜰의 입김이 방에 가득한 것을.

(1933)

이 마음

떨어져 사는 우리
　편지조차 못하리니
　　같은 때 별을 보고
　　　서로 생각하자 했네
　　　　깊은 밤 흐린 하늘에
　　　　　샛별 찾는 이 마음

늦도록 문틈으로
　불빛 새는 밤이면은
　　불 끄고 누워서도
　　　그와 함께 새우노니
　　　　찾아가 님 없는 방에
　　　　　불 켜 놓은 이 마음

(1933)

〈시조 9수〉 중

번지고 얼룩지고 못 읽도록 거친 글씨
입술을 깨물고서 말 만들어 보노라니
눈물이 앞을 가리워 편지 다시 적셨네.

(1933)

〈시조 9수〉 중

차창 추운 밤에 입고 자라 주신 잠옷
몇 번을 꺼내놓고 입진 차마 못하였소
마지막 긴 잠 들 때나 입고 가려 합니다.

(1933)

무제(無題)(2)

이불 걷어 차고 망토 꺼내 걸치고서
깊은 숲 어둠 거쳐 인적 끊긴 다리 지나
마질 손 있는 듯하나 숨가쁘게 나갔네.

(1933)

호외

호외(號外)?
호외다!
무너져 내린 가슴 안고 뛰어나가니
나무 팔고 가는 소달구지 방울소리

울렁거리는 마음 어쩔 줄 몰라
찾는 이도 없는 창을 열었다 닫았다 ―
벽에 걸린 사진을 안고 울었다 웃었다 ―

자던 아기 엄마 찾은 울음소리에
끌어안고 젖 물리는 여윈 그 얼굴
달은 어느덧 서창을 비치나니
그곳은 수라장 오늘 이 한밤
싸움에 지친 몸 편히 쉬소서

(1933)

시내

내 저 내를 따라서 가려네
흐르는 저 물을 따라서 가려네

흰 돌 바위틈으로 흐르는 물
푸른 언덕 산기슭으로 가는 내

내 저 내를 따라서 가려네
흐르는 저 물을 따라서 가려네

(1933)

편지 사람

편지 왔소 편지요
어서 나와 받아요
    눈물 젖은 하얀 겉봉 까만 글씨는
    아빠 오소 보고 싶소 엄마 편지요

편지 왔소 편지요
속히 나와 받아요
    입을 맞춘 분홍 봉투 파란 글씨는
    남모르게 동그란 누나 편지요

편지 왔소 편지
빨리 나와 받아요
    공책 장에 꼬불꼬불 그린 글씨는
    읽어봐도 소식 모를 아가 편지요

(1934)

파이프

눈보라 유리창을 흔들고
파이어플레이스 통장작 튀면서 타오른다
나는 쌈지와 파이프를 가져온다

지름길에서 한들거리던 코스모스
건널목에서 울고 있던 아이의 더러운 얼굴
"잊지는 마세요" 하던 어떤 여인의 말
파이프는 오래전 이야기를 한다

시계추 소리가 들린다
타고 남은 붗꽃이 얼굴을 비춘다
울기에는 너무 슬픈 이 밤
내 파이프에 밤이 깊어간다

(1934)

제 2 부
어린 벗에게 :
아기 · 어린이 시편 (동시 · 동요)

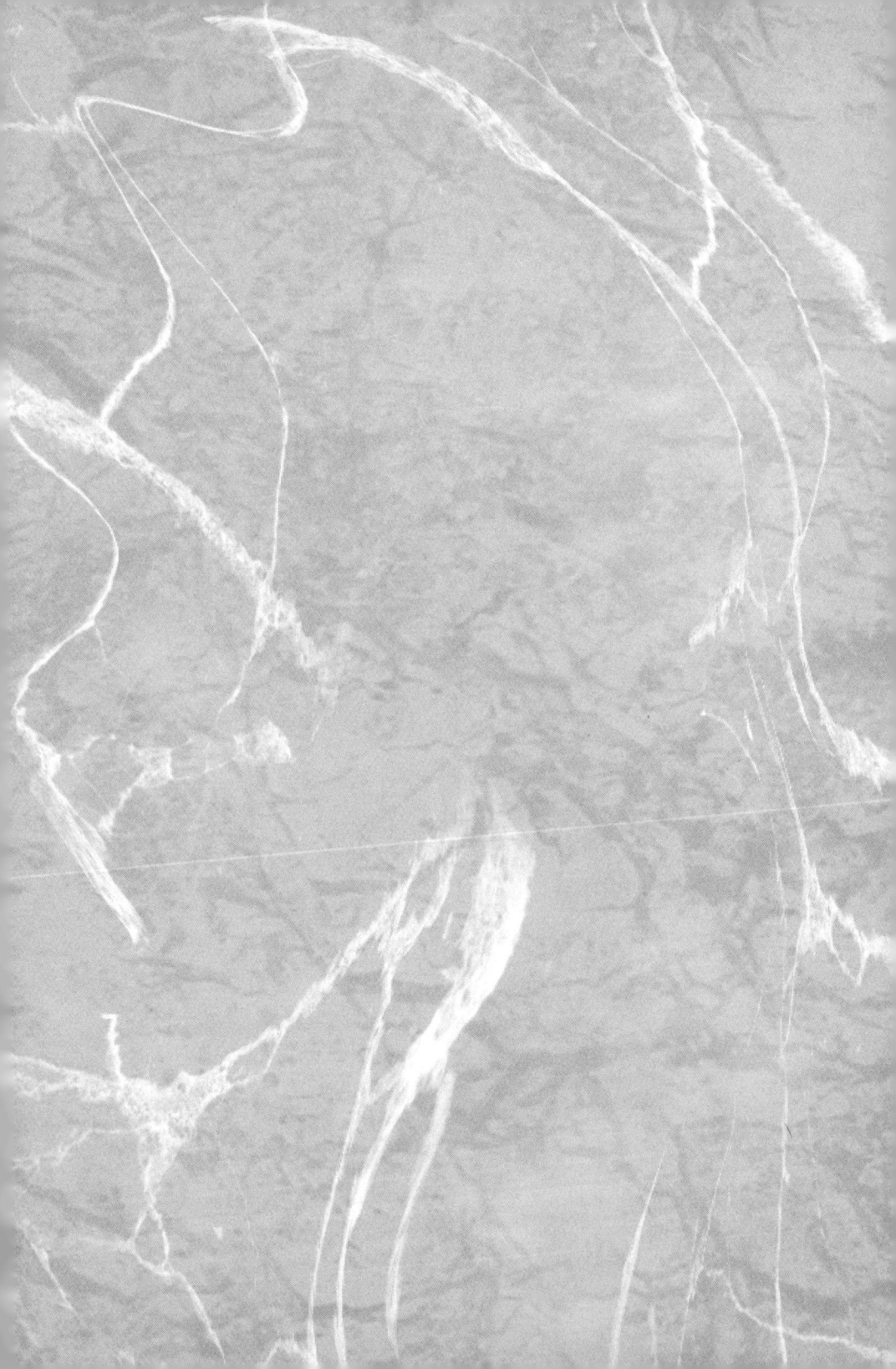

아가의 오는 길*

재깔대며 타박타박 걸어오다가
앙감질로 깡충깡충 뛰어오다가
깔깔대며 배틀배틀 쓰러집니다

뭉게뭉게 하얀 구름 쳐다보다가
꼬불꼬불 개미 거동 구경하다가
아롱아롱 호랑나비 쫓아갑니다

(1931)

---

* 이 시의 원제는 〈유치원에서 오는 길〉이다.

아가의 슬픔*

엄마!
엄마가 나를 낳아주고
왜 자꾸 성화 멕힌다 그러나?

엄마!
나는 놀고만 싶은데
무엇 하러 어서 크라나?

(1931)

---

* 시의 원제는 〈어린 슬픔〉이다.

어떤 아가의 근심

엄마!
아빠가 살아나면
어떻게 그 무덤 헐고 나올까?
흙 덮고 잔디 덮고 다져 놨는데

엄마!
아빠가 그 이상한 옷을 입고 어떻게 오나?
사람들이 우습다고 놀려먹겠지!

(1931)

구슬

비 온 뒤 솔잎에 맺힌 구슬
따다가 실에다 꿰어 달라
어머니 등에서 떼를 썼소

만지면 스러질 고운 구슬
손가락 거칠어 못 딴대도
엄마 말 안 듣고 떼를 썼소

(1931)

아가의 기쁨*

엄마가 아가 버리고 달아나면 어쩌느냐고
시집가는 색시보다 더 고운 뺨을
젖 만지던 손으로 만져 봤어요

엄마는 아가 버리고 아무 데도 못 가겠다고
종알대는 작은 입을 맞춰 주면서
세 번이나 고개를 흔들었어요

(1931)

---

* 이 시의 원제는 〈기쁜 애기〉이다.

엄마의 아기

유난히도 반짝이는 맑은 그 눈은
샛별한테 빌어 낳은 보람이지요

보드랍게 흘러내린 검은 머리는
젖 물리고 쓰다듬은 손길이에요

해지도록 종알대는 고운 말씨는
엄마 입이 한마디씩 붙었던 거요

토끼같이 깡충대며 뛰노는 양은
손 붙들고 익혀주신 걸음마예요

반만 다문 입술에서 새는 숨결엔
잠재우던 노랫마디 섞여 있구요

빨간 장미 피어나듯 웃는 그 뺨엔
엄마 피가 방울방울 맺혔습니다

(1932)

아침

아침 일찍 일어나
해 떠오는 바다를 바라봅니다

구름 없는 하늘을 쳐다보면서
그곳 계신 엄마를 생각합니다

제풀대로 자라서
햇빛 속에 웃는 낯 보시옵소서

(1933)

우리 애기

새털 같은 고 머리
샛별 같은 고 눈
날개 없는 천사는 우리 애기.

고 작은 손이 앞을 짚고
고 작은 발이 뒤를 밀고
발발발 기어 오는 우리 애기.

(1934)

어린 벗에게*

    사막에는 비가 아니 옵니다.
    나무도 풀잎도 보이지 않고 모래만이 끝없이 끝없이 깔려 있는 곳이 사막입니다. 다른 땅에는 꽃이 피고 새가 울어도 사막에는 뽀— 얀 모래 위에 봄바람이 이따금 불 뿐입니다. 다른 땅에는 푸른 잎새가 너울너울 늘어지고 그 사이로 차디찬 샘물이 흘러나려도, 사막에는 하얀 모래 위에 여름 바람이 이따금 불 뿐입니다. 다른 땅에는 갖은 곡식이 열고 노랗게 붉게 단풍이 들어도 사막에는 하얀 모래 위에 가을 바람이 이따금 불 뿐입니다. 다른 땅에는 눈이 나리고 얼음이 얼어도 저 사막에는 아무러한 변화도 없이 끝없는 모래 위에 이따금 겨울 바람이 불 뿐입니다.
    그러나 어린 벗이여, 이 거칠고 쓸쓸한 사막에는 다만 혼자서 자라는 이름 모를 나무 하나가 있습니다. 깔깔한 모래 위에서 쌀쌀한 바람에 불려 자라는 어린 나무 하나가 있습니다.

---

* 이 산문시의 원제는 〈사막의 꽃〉이다.

어린 벗이여, 기름진 흙에서 자라는 나무는 따스한 햇볕을 받아 꽃이 핍니다.

그리고 고이고이 내리는 단비를 맞아 잎이 큽니다. 그러나 이 깔깔한 모래 위에서 자라는 나무, 쌀쌀한 바람에 불려서 자라는 나무는, 봄이 와도 꽃필 줄을 모르고 여름이 와도 잎새를 못 갖고 가을에는 단풍이 없이 언제나 죽은 듯이 서 있습니다.

그러나 벗이여, 이 나무는 죽은 것은 아닙니다. 살아 있는 것입니다. 자라고 있는 것입니다.

가을도 지나고 어떤 춥고 어두운 밤 사막에는 모진 바람이 일어, 이 어린 나무를 때리며 꺾으며 모래를 몰아다 뿌리며 몹시나 포악을 칠 때가 옵니다. 나의 어린 벗이여, 그 나무가 죽으리라고 생각하십니까, 아닙니다. 그때 이상하게도 그 나무에는 가지마다 부러진 가지에도 눈이 부시도록 찬란한 꽃이 송이송이 피어납니다. 그리고 이 꽃빛은 별 하나 없는 어두운 사막을 밝히고 그 향기는 멀리멀리 땅 위로 퍼져 갑니다.

(1934)

무악재*

긴 벽돌담을 끼고
어린 학생들이 걸어갑니다

당신이 지금도 생각하고 계실
그 어린아이들이
바로 지금 담 밖을 지나갑니다

작년 오월 원족 가던 날
그날같이 맑게 개인 이른 아침에
당신이 가르치던 어린 것들이 걸어갑니다

당신을 잃은 지 벌써 일년
과거는 없고 희망만 있는 어린 것들이
나란히 열을 지어 무악재를 넘어갑니다

(1944)

---

* 이 시의 원제는 〈원족〉(遠足)〔소풍〕이다.

국민학교 문 앞을 지날 때면

국민학교 문 앞을 지날 때면
꾀꼬리들이 배워 옮기는 참새 소리
번연히 그럴 줄을 알면서도
가슴이 뻐개지는 것 같았다

태극기 날리는 운동장에서
삼천리를 부르는 어린 목소리
나는 머—ㅇ하니 서 있고
눈물만이 눈물만이 솟아오른다

꿈에서라도 이런 꿈을 꾼다면
정녕 기뻐 미칠 터인데
나는 머—ㅇ하니 서 있고
눈물만이 눈물만이 흘러내린다

(1945)

아가도 알 수 없는 일

아가 말이 옳다고 칭찬을 해요.
엄마 말이 틀렸기에
틀렸다고 그랬더니,
아가 말이 옳다고 칭찬을 해요.

맞대답을 한다고 야단을 해요.
엄마 말이 틀렸기에
틀렸다고 그랬더니,
말대답을 한다고 야단을 해요.

(1946)

아가의 꿈

은 투구 은 갑옷
흰말을 타고
달밤에 산길을
달리는 장사

타버덕 타버덕
언덕을 넘고
타버덕 타버덕
냇물을 넘고

달밤에 산길을
달리는 장사
은 투구 은 갑옷
흰말을 타고

타버덕 타버덕
숲속을 지나
타버덕 타버덕
마을을 지나

(1947)

새털 같은 머리칼을 적시며

새털 같은 머리칼을 적시며
너는 찬물로 세수를 한다

"다녀오겠습니다" 인사를 하고
너는 아침 여덟 시에 학교에 간다

학교 갔다 와 목이 마르면
너는 부엌에 가서 물을 떠먹는다

집에 누가 찾아오면
너는 웃으면서 문을 열어 준다

까만 눈을 깜박거리며
너는 산수 숙제를 한다

하늘 가는 비행기를 그리다가
너는 엎드려서 잠을 잔다

(1959)

그림

나는 그림을 그릴 때면
하늘을 넓고 넓고 푸르게 그립니다

집과 자동차를 작게 그리고
하늘을 넓고 넓고 푸르게 그립니다

아빠의 눈이 시원하라고
하늘을 넓고 넓고 푸르게 그립니다

(1959)

교훈*

마음대로 되는 일이 별로 없는 세상이기에

참는 버릇을 길러야 한다고 타이르기도 하였다

이유 없는 투정을 누구에게 부려 보겠느냐

성미가 좀 나빠도 내버려 두기로 한다

(1959)

---

* 이 시의 원제는 〈가훈〉(家訓)이다.

어린 시절

구름을 안으러 하늘 높이 날던 시절

날개를 적시러 푸른 물결 때리던 시절

고운 동무 찾아서 이 산 저 산 넘나던 시절

눈 나리는 싸릿가지에 밤새워 노래 부르던 시절

안타까운 어린 시절은 아무와도 바꾸지 아니하리

(1959)

기다림(2)

아빠는 유리창으로
살며시 들여다보았다

귀밑머리 모습을 더듬어
아빠는 너를 금방 찾아냈다

너는 선생님을 쳐다보고
웃고 있었다

아빠는 운동장에서
종 칠 때를 기다렸다

(1959)

백날 애기

뒤챈다
뒤챈다
뒤챈다

아이 숨차
아이 숨차
쌔근거린다

웃는 눈
웃는 눈
자랑스레 웃는 눈

(1987)

아가는

아가는
이불 위를 굴러갑니다
잔디 위를 구르듯이

엄마는
실에 꿴 바늘을 들고
그저 웃기만 합니다

차고 하얀
새로 시치는 이불
엄마도 구르던 때가 있었습니다

(1993)

제3부
양 : 동물시편

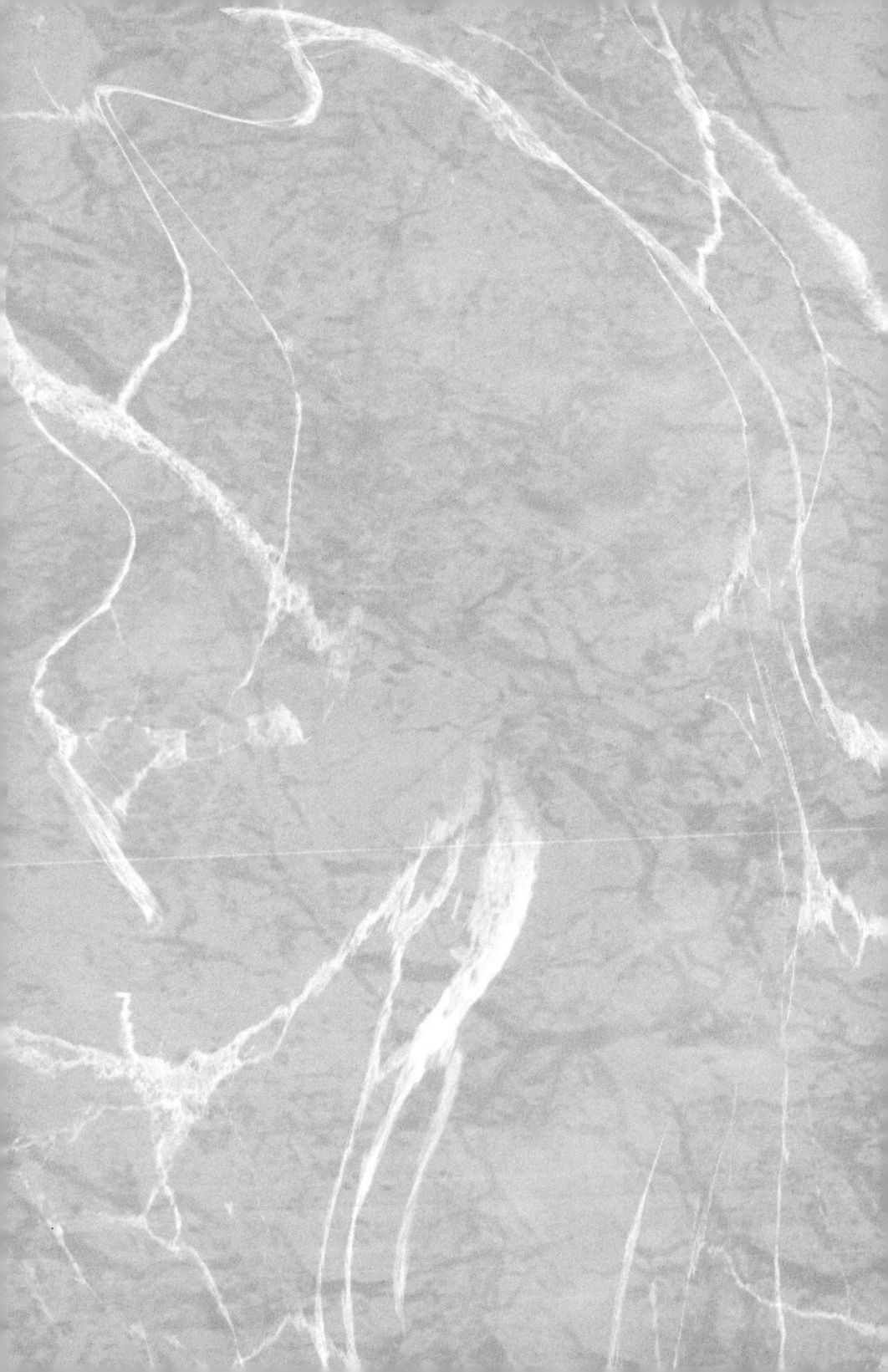

까치

까치야 너 왜 짖니
기쁜 소식 전하느냐
오늘따라 안 오실 줄
소리치고 내가 알어
비나니 저 산 넘어가
네 홍대로 울어라

까치는 영물이라
옛사람들 일럿거니
몸으로 못 오셔도
편지라도 있으렷다
편지는 없다 하여도
이 몸 생각 하시라

목청이 찢어져라
엷은 가슴 미어질듯
제사랑 못 이기어
짖는 줄도 아옵건만
아쉬운 마음인지라
행여행여 하노라

(1932)

양(羊)

양아 양아
네 마음은 네 몸같이 희고나

양아 양아
네 마음은 네 털같이 보드랍고나

양아 양아
네 마음은 네 음성같이 정다웁고나

(1932)

타조

노마란 놈은
공부는 못해도 싸움에는 일등이지요

타조란 놈은
날지는 못해도 경주에는 첫째랍니다

(1932)

낙타

키 크고 싱거운 꺼벙이
게다가 머리는 작지요

눈꺼풀 두 꺼풀 거적눈
보면 볼수록 순둥이

제몸에 혹 안장 생겨서
사막에 길손을 태우지요

(1932)

부엉이

낮에만 못 보는 장님이
눈뜨고 앉아서 점쳐요

어두워 다른 새 잠들면
틈타서 사냥질 나가요

으스름 달밤은 좋은 때
노래를 불러요 부―엉

(1932)

학

목고개가 길다
목고개만 길으냐
주둥이도 길단다
주둥이만 길다냐
종다리도 길단다
종다리만 길으냐
나래죽지 길단다

(1932)

독수리

갈구랭이 주둥이
꼭 다물고서
낚시 같은 발톱을
감추었어요
오목 파진 눈 속에
불이 붙으면
나래 펴고 저 하늘
날아갑니다

(1932)

펠리컨

먹던 밥을 넣어두려고
주머니를 만들어서
꺼내 먹기 쉬우라고
주둥이에 찼대요

먹은 밥을 되뱉어서
어린 새끼 먹일 때면
주둥이로 제 배때기
침 주듯이 찔러요

(1932)

사자

사자는 기관차
잉경 같은 대가리 앞장세우고
산이라 들이라 굴속이라도
닥치는 대로 달아납니다

사자는 기관차
우레 같은 목소리 한번 지르면
여우라 늑대라 호랑이라도
찍소리 없이 벌벌 떱니다

(1932)

공작

오색영롱 찬란한 여왕의 나래
부채같이 둥글게 펴보십니다

어린 아긴 철없어 하품한다 하지만
커단 아긴 흉보며 자랑한다 하지만

하루 한번 그 날개 펴보시어서
상감마마 기쁘게 하여드려요

(1932)

백로와 오리

깊은 산 호수 푸른 물 위에
흰 돛대 앞에 단 하얀 물오리
그림자 위로 파문 그리며
섰는 듯 흐르는 듯 떠서 갑니다

호숫가 굽은 소나무 밑에
가느단 외다리 하얀 백로
머리에 관모*를 한들거리며
떠가는 오리를 바라봅니다

(1932)

---

* 관모(冠毛) : 머리 위에 나는 털

제4부
금아 연가

1*

길가에 수양버들
오늘 따라 더 푸르고

강물에 넘친 햇빛
물결 따라 반짝이네

임 뵈러 가옵는 길에
봄빛 더욱 짙어라

(1947)

---

* 〈금아 연가〉 18편은 《신동아》(1939년 10월호)에 게재된 〈시조 9수〉와 《신동아》(1933년 12월)에 실린 시조 〈무제〉(無題) 3수에서 출발하여 개작과 추가가 이루어져 1959년 《금아시문선》(1959)에서 완결되었다.

2

눈썹에 맺힌 이슬
무슨 꿈이 슬프신고

흩어진 머리칼은
흰 낯 위에 오리오리

방긋이 열린 입술에
숨소리만 듣노라

(1947)

3

높은 것 산이 아니
멀은 것도 바다 아니

바다는 건널 것이
산이라면 넘을 것이

못 넘고 못 건너가올
길이오니 어이리

(1933)

4

모시고 못 산다면
이웃에서 사오리다

이웃서도 못 산다면
떠나 멀리 가오리다

두만강 강가이라도
이편 가에 사옵고저

(1933)

5

보는 것만이라도
기쁨이라 하셨나니

지금도 이 땅 위에
같이 살아 있는 것을

어떻다 그 기쁨만도
드려서는 안 되는고

(1933)

6

추억에 지친 혼이
노곤히 잠드올 제

멀리서 가만가만
들려 오는 발자욱은

꿈길을 숨어서 오는
임의 걸음이었소

(1933)

7

그리워 애달파도
부디 오지 마옵소서

만나서 아픈 가슴
상사보다 더하오니

나 혼자 기다리면서
남은 일생 보내리다

(1934)

8

목청이 갈라지라
엷은 가슴 미어질 듯

제 사랑 제 못 이겨
우는 줄도 아옵건만

아쉬운 마음이라서
행여 행여 합니다

(1947)

9

번지고 얼룩지고
마디마디 아픈 글을

입술 깨물고서
말 만들어 보노라니

구태여 흐르는 눈물
편지 다시 적시오

(1959)

10

날 흐린 바다 위에
갈매기들 우는고야

흩어진 머리칼에
빗질 아니 하시리니

비나니 임의 나라에
날씨 명랑합소서

(1933)

11

때마다 안타까워
불러 보는 그 이름은

파란 하늘 푸른 물결
두 사이를 지나가서

애달픈 목소리라도
다시 들려 주어라

(1933)

12

하루를 보내노면
와서 있는 또 하루를

꽃이 져도 잎이 져도
찾아오는 또 하루를

닥쳐올 하루하루를
어찌하면 좋으리오

(1959)

13

오실 리 없는 것을
기다리는 이 마음을

막차에 내리실 듯
설레는 이 가슴을

차 가고 정거장에는
장명등이 꺼지오

(1933)

14

에서 마주앉아
꽃다발을 엮었거니

흩어진 가랑잎을
즈려밟는 황혼이여

여울에 그림자 하나
흘러흘러 갑니다

(1947)

15

문갑에 놓인 사진
고요히 빛을 잃고

어스름 어슴푸레
이 하루도 저무를 제

나뭇잎 지는 소리를
아픈 가슴 듣노라

(1947)

16

꿈같이 잊었과저
구름같이 잊었과저

잊으려 잊으려도
잊는 슬픔 더욱 커서

지난 일 하나하나를
눈물 적셔 봅니다

(1933)

17

설움은 세월 따라
하루 이틀 가오리다

아름다운 기억만이
가슴속에 남으리다

옛 얼굴 떠오르거든
고이 웃어 주소서

(1934)

18

훗날 잊혀지면
생각하려 아니하리

이따금 생각나면
잊으려도 아니하리

어디서 다시 만나면
잘 사는가 하리라

(1947)

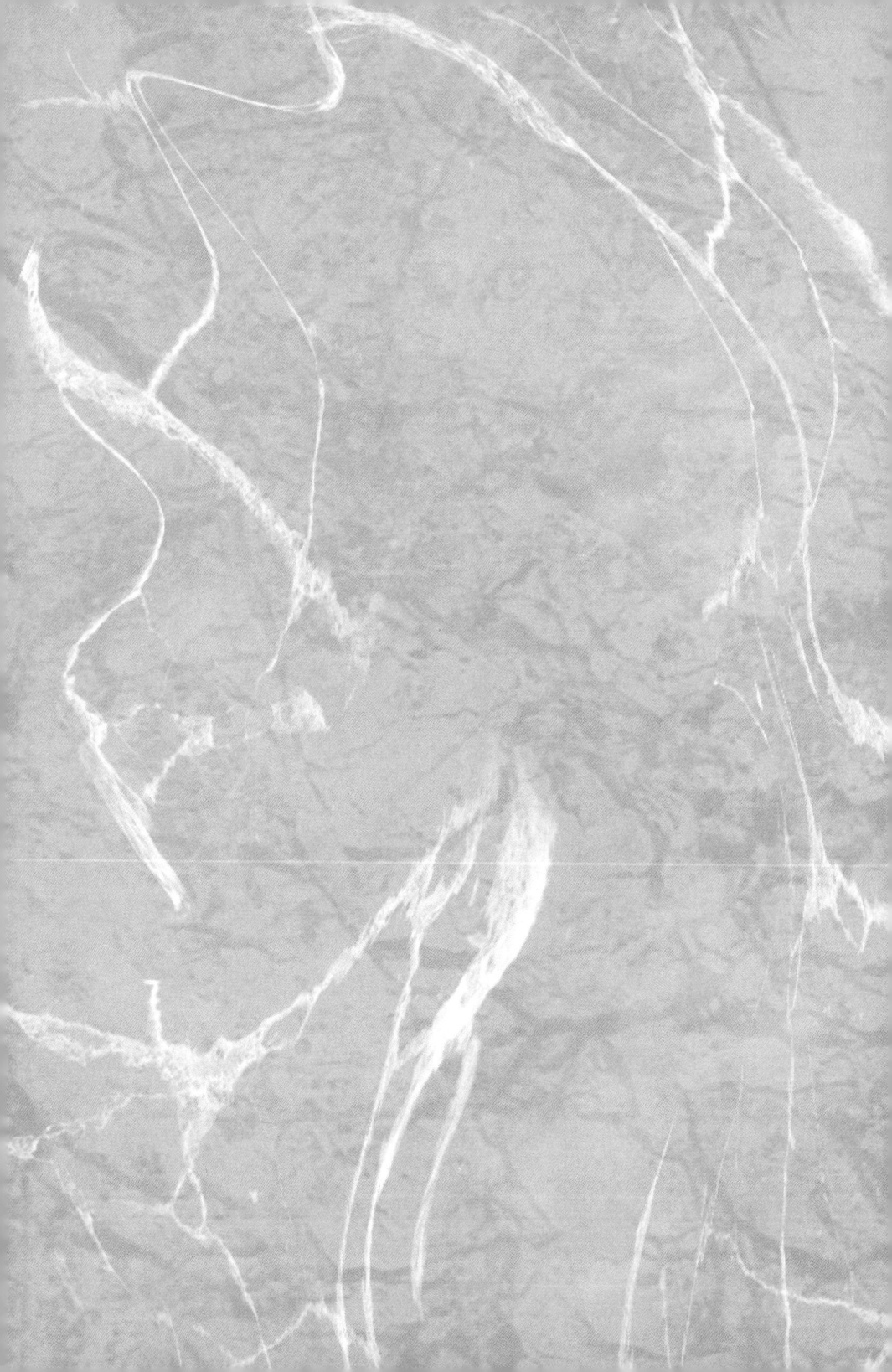

벗에게

어느 때 궂었느냐
새파랗게 개이리라

쉬어서 가라거든
조바심을 왜 하오리

갈 길이 천리라 한들
젊은 그대 못 가리

(1944)

생명*

억압의 울분을 풀 길이 없거든
드높은 창공을 바라보라던 그대여
나는 보았다
사흘 동안 품겼던 달걀 속에서
티끌 같은 심장이 뛰고 있는 것을

실연을 하였거든
통계학을 공부하라던 그대여
나는 보았다
시계의 초침같이 움직거리는
또렷한 또렷한 생명을

살기에 싫증이 나거든
남대문 시장을 가보라던 그대여

---

* 이 시의 원제는 〈실험〉이다.

나는 보았다
사흘 동안 품겼던 달걀 속에서
지구의 윤회와 같이 확실한
생生의 생의 약동을!

(1946)

기다림(3)

발자취 소리에 든 고개

맑은 숨결에 수그러져라

걷는 뒤만 우러러 보았느니.

(1947)

저녁 때

긴 치맛자락을 끌고
해가 산을 넘어갈 때

바람은 쉬고
호수가 잠들고

나무들 나란히 서서
가는 해를 전송할 때

이런 때가 저녁때랍니다
이런 때가 저녁때랍니다.

(1947)

작은 기억

벽 위에 그림자는
그림 속의 애인들과도 같았다

둘의 머리칼은 스칠 듯하다가도
스치지는 않았다

이따금 숨결이 합할 때마다
불꽃이 나부꼈다

촛불을 들여다보며 새우던 밤
창밖에는 눈이 내렸다

(1947)

생각

아침 햇빛이 창에 들어
여윈 내 손을 비추입니다

문갑에 놓여 있는 당신 사진에
따스한 봄빛이 어리웁니다

오늘도 님이여 나의 사랑은
멀리서 드리는 생각입니다

(1947)

이슬

그리도 쉬이 스러져 버려
어느새 맺혔던가도 하시오리나
풀잎에 반짝인 것은 이슬이오니
지나간 순간은 의심치 마소서

이미 스러져 없어진 것을
아모레 여기신들 어떠시리만
그래도 그 순간이 가엾사오니
지나간 일이라 의심치 마소서

(1947)

바다

저 바다 소리칠 때마다

내 가슴이 뛰나니

저 파도 들이칠 때마다

피가 끓나니

아직도 나의 마음

바다로 바다로 달음질치나니

(1947)

나의 가방

헤어진 너의 등을 만지며,
꼬이고 말린 가죽끈을 펴며,
떨어진 장식을 맞춰도 본다

가을 서리 맞은 단풍이
가슴에다 불을 붙이면
나는 너를 데리고 길을 떠났다

눈 위에 달빛이 밝다고
막차에 너를 싣고
정처 없는 여행을 떠나기도 하였다

늙었다 ― 너는 늙었다
나도 늙었으면 한다
늙으면 마음이 가라앉는단다

(1947)

단풍*

단풍이 지오
단풍이 지오

핏빛 저 산을 보고 살으렸더니
석양에 불붙는 나뭇잎같이 살으렸더니

단풍이 지오
단풍이 지오

바람에 불려서 떨어지오
흐르는 물 위에 떨어지오

(1947)

---

* 이 시의 원제는 〈단풍이 떨어지오〉이다.

1930년 상해

겨울날 아침에
입었던 꽈스*를 전당잡혀
따빙**을 사먹는 쿠리(苦力)***가 있다

알라 뚱시**** 치롱***** 속에
넝마같이 팔려 버릴
어린 아이가 둘
한 아이가
나를 보고 웃는다

(1947)

---

*   꽈스(褂子) : 중국 옷 상의.
**   따빙(大餠) : 호떡.
*** 쿠리 : 힘든 일 하는 값싼 노동자
**** 알라 뚱시(東西) : 넝마 장수(알라 -ㅣ외치는 소리, 뚱시 - 물건).
***** 치롱 : 사람을 감금할 때 사용하는 우리

8월 15일

정말 시인이라면
지금이야 시를 쓸 텐데
사흘 동안 어쩔줄을 모르고
거리를 헤매였소

정말 시인이라면
지금이야 시를 쓸 텐데
사흘 밤을 잠을 못 들고
뒤채기만 하였소

그러나 시인이 아니라도 고만이요
아무것도 아니라도 좋소
나는 사람이 되었소
자유의 인민이 되었소.

(1947)

미주 이제(二題) : 워싱턴

링컨의 서울이여
여왕 없는 나라의 여왕이여

이십세기의 파리여
젊고 젊은 청춘의 수도여

가로수 늘어선 넓고 깨끗한 아베뉴를
전아典雅스러운 흰 건축물들

캐피틀 슈프림 코오트
제왕帝王 없는 나라의 궁궐들

내쇼날 뮤지엄, 콘그레스 라이브러리
차고 흰 현대의 상아탑들

무지개같이 뻗치고 뻗쳐
철철 넘쳐 흐르는 분수들

하늘을 가리키며 솟아 있는 워싱턴 모뉴멘트
끊임없이 자라나는 이 나라의 이상(理想)

4월 푸른 하늘에
성조기 날린다.

(1955)

미주 이제(二題) : 타임즈 스퀘어

여기가 타임즈 스퀘어
42가와 세븐스 애비뉴가 부닥치는 곳
브로드웨이가 달겨드는 곳

하늘로 하늘로 스카이 스크레이퍼 솟아오르고
뉴스 타워 위에서 역사가 옆으로 흐르고 있다
눈이 아찔해지는 일루미네이션*

본드 상점 지붕 위에
아담과 이브의 조각이 마주 서 있다
길에 사람이 그칠 때가 오면
내려와 둘이서 춤을 출 텐데

레이디오 씨티의 파란 불들 바라다보면
사막에서 잠을 깬 것 같다
향수는 스치고 지나가는 화살은 아니다

(1955)

---

* 일루미네이션(Illumination) : (불)빛, 조명

파랑새

녹두꽃 향기에
정말 피었나 만져 보고
아 이름까지 빼앗기고 살던 때……

"새야 새야 파랑새야"
눈 비벼 봐도 들리는 노래
눈 비벼 봐도 정녕 들리는 노래

갇혔던 새 아니던들
나는 마디마디
파란 하늘이 그리 스몄으리

꿈 같은 기쁨 지닌 채
파란 날개 상하고
녹두 이랑에 서리가 나려……

파랑새 운다
불탄 잔디 푸르러지라
마른 잔디 꽃이 피라고

하늘은 오늘도 차고
얼음장 밑에 흐르는 강물
파랑새 운다

(1958)

진달래

겨울에 오셨다가
그 겨울에 가신 님이

봄이면 그리워라
봄이 오면 그리워라

눈 맞고 오르던 산에
진달래가 피었소

(1959)

후회

산길이 호젓하다고 바래다 준 달

세워 놓고 문 닫기 어렵다거늘

나비같이 비에 젖어 찾아온 그를

잘 가라 한마디로 보내었느니

(1959)

산야

짐승들 잠들고
물소리 높아지오

인적 그친 다리 위에
달빛이 짙어가오

거리낌 하나도 없이
잠 못 드는 밤이오

(1959)

찬사(讚辭)

그대의 시는
온실이나 화원에서 자라나지 않았다
그대의 시는
거친 산야의 비애를 겪고
삭풍에 피어나는 강렬한 꽃

솔로몬의 영화보다 화려한
야생 백합
그대의 시는
펑펑 솟아 넘쳐흐르는 샘물
뛰며 떨어지는 걷잡을 수 없는 폭포
푸른 산기슭으로 굽이치는 시내
때로는 바다의 울음소리도 들린다

내 그대의 시를 읽고
무지개 쳐다보며 소리치는 아이와 같이
높이 이른 아침 긴 나팔을 들어
공주의 탄생을 알리는 늦은 전령과 같이
이 나라의 복음을 전달하노라

(1959)

조춘(早春)

녹슬었을 심장, 그 속에는
젊음이 살아 있었나 보다
길가에 쌓인 눈이 녹으려 들기도 전에
계절이 바뀌는 것을 호흡할 때가 있다

피가 엷어진 혈관, 그 속에는
젊음이 숨어 있었나 보다
가로수가 물이 오르기 전에
걸음걸이에 탄력을 느낄 때가 있다

화롯불이 사위면 손이 시린데
진달래 내일이라도 필 것만 같다
해를 묵은 먼지와 같은 재, 그 속에는
만져 보고 싶은 불씨가 묻혔나 보다

(1959)

역장(驛長)

퇴색한 금테두리 모자를 바로 하고
버릇으로 다리를 모으고 섰다

속력을 떨치는 디젤
젊은 교만이 미울 것도 없다

십칠 시 사십칠 분
백일홍 시드는 또 하루의 오후

(1959)

봄(2)

걸음걸음 봄이요
파―란 파란 빛 치맛자락
쳐다보면 하늘엔
끓어낸 자국은 없네

(1959)

꿈(2)

흡사
버들가지 같다 하기에
꾀꼬리 우는 강가로 갔었노라

흡사
백조라기에
수선화 피는 호수로 갔었노라.

(1969)

축복

나무가 강가에 서 있는 것은
얼마나 복된 일일까요

나무가 되어 나란히 서 있는 것은
얼마나 복된 일일까요

새들이 하늘을 나는 것은
얼마나 기쁜 일일까요

새들이 되어 나란히 나는 것은
얼마나 기쁜 일일까요.

(1959)

제6부
이 순간

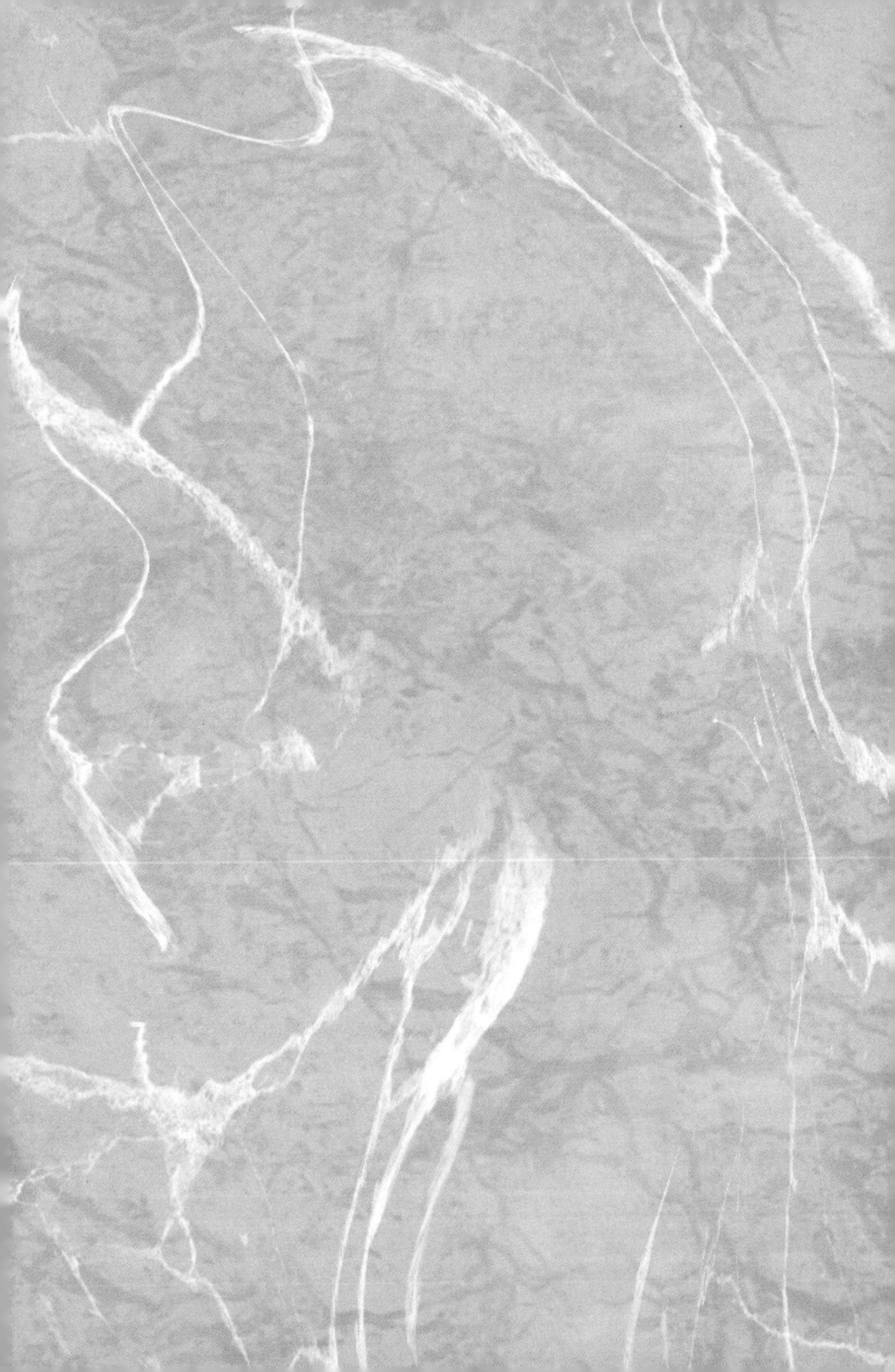

연

풀리는 대로 풀다가
튕겨 보고는
바빠지는……
다시 바람 따라
풀어 주는

청치마 서슬에
스칠세라
애쓰다가는……
에라 거슬러
부딪치려는

(1961)

도산 선생께

당신이 일생을 바치신
그 독립을 저희가 찾았습니다.
그날 선생이 저희와 같이 계셨어야 할 것입니다.
저희는 아직도 국토를 완전히 수복하지 못하고
이 나라에 난국이 있을 때마다
선생이 그립고 아쉽습니다.

민족의 지도자이신 선생은
숭고하면서도 친밀감을 주고
준엄하면서도 인자하셨습니다
그 용모 그 풍채 그 음성
정성으로 우리를 품 안에 안아주셨습니다
선생은 인간으로 높은 존재였습니다
선생은 진실의 화신이었습니다

선생을 잃은 지 삼십 년
저희는 당신의 동지답지 못할 때가 많았습니다.
그러나 햇빛을 느끼고 사는 나무에
수액이 흐르듯이
저희의 혈관에는 선생의 교훈이 흐르고 있습니다.

(1968)

연정

따스한 차 한 잔에
토스트 한 조각만 못한 것

포근하고 아늑한
장갑 한 짝만 못한 것

잠깐 들렀던 도시와 같이
어쩌다 생각나는 것

(1969)

새해

새해는 새로워라
아침같이 새로워라

너 나무들 가지를 펴며
하늘로 향하여 서다

봄비 꽃을 적시고
불을 뿜는 팔월의 태양

거센 한 해의 풍우를 이겨
또 하나의 연륜이 늘리라

하늘을 향한 나무들
뿌리는 땅 깊이 박고

새해는 새로워라
아침같이 새로워라

(1969)

이 순간

이 순간 내가
별을 쳐다본다는 것은
그 얼마나 화려한 사실인가

오래지 않아
내 귀가 흙이 된다 하더라도
이 순간 내가
제9교향곡을 듣는다는 것은
그 얼마나 찬란한 사실인가

그들이 나를 잊고
내 기억 속에서 그들이 없어진다 하더라도
이 순간 내가
친구들과 웃고 이야기한다는 것은
그 얼마나 즐거운 사실인가

두뇌가 기능을 멈추고
내 손이 썩어가는 때가 오더라도
이 순간 내가
마음 내키는 대로 글을 쓰고 있다는 것은
허무도 어찌하지 못할 사실이다.

(1969)

서른 해

희어가는 귀밑머리를
눈으로 만져 보다

검게 흐르는 윤기
한 번도 쓰다듬어 주지 않았었다

길들은 염주를 헤어 보듯
인연의 햇수를 세어 본다

(1969)

순간

당인리 상공에 제트기 소리
홀연 지구 반경의 거리가 용해溶解된다

까만 저 오버에 눈을 맞으며
너는 '피프스 애비뉴'를 걷고 있다

'티파니'의 쇼윈도는
별들을 들여다보는 유리창

'푸리츨' 장사 군밤 굽는 연기에
너는 향수를 웅얼거린다

"산새는 왜 우노 시메 산골
영 넘어가려고 그래서 울지"

너의 모습이 점점 흐려진다
헤지지 않아도 되었을 이별이 있다.

(1976)

어떤 무희(舞姬)의 춤

고개 숙여
악사들 줄을 울리고

자작나무 바람에 휘듯이
그녀 선율에 몸을 맡긴다

물결 흐르듯이
춤은 몹시 제약된 동작

"어찌 가려낼 수 있으랴
무희와 춤을"

백조 나래를 펴는 우아優雅
옥같이 갈아 다듬었느니

맨발로 가시 위를 뛰는 듯
춤은 아파라

(1978)

어떤 오후

오래 쌓인 헌 신문지를
빈 맥주병들과 같이 팔아 버리다

주먹 같은 활자로 가로지른 기사도
5단 내리뽑은 사건도 —

나는 지금 뜰에서
꽃이 피는 것을 바라다보고 있다

(1978)

어떤 유화(油畵)

오래된 유화가 갈라져
깔렸던 색채가 솟아오른다

지워 버린
지워 버린 그 그림의

(1979)

노젓는 소리

달밤에 들려 오는
노젓는 소리

만나러 가는 배인가
만나고 오는 배인가

느린 노젓는 소리
만나고 오는 배겠지

(1980)

시차

새벽 여섯 시
너는 지금 자고 있겠다
아니 거기는 오후 네 시
도서관에 있겠구나
언제나 열넷을 빼면 되는데
다시 시간을 계산한다

학교 가는 뒷모습을
보고 또 보고
쓰고 가는 머플러를
담 너머 바라보던 나
어린것 두고 달아나는 마음으로
너를 떠나 보냈다

어느 밤 달이 너무 밝아
서울도 비치리라 착각했다지

열네 시간은 9천 마일!
밤과 낮을 달리한다
그러나 같은 순간은
시차를 뚫고
14는 0이 된다

(1980)

낙화

슬프게 아름다운 것
어젯밤 비바람에 지다
여울에 하얀 꽃잎들
아니 가고 머뭇거린다

(1980)

길쌈

짜여 나가는 필목
100프로 무명이라야 한다

베틀 위에 명주가
메이센〔銘仙〕으로 바꾸어 가기도 하였다

(1980)

이 봄

봄이 오면 칠순七旬
고목古木에 새순이 나오는 것을
들여다보고 또 들여다본다

연못에 배 띄우는 아이같이
첫 나들이 나온 새댁같이
이 봄 그렇게 살으리라

(1980)

친구를 잃고

생生과 사死는
구슬같이 굴러간다고

꽃잎이 흙이 되고
흙에서 꽃이 핀다고

영혼은 나래를 펴고
하늘로 올라간다고도

그 눈빛 그 웃음소리는
어디서 어디서 찾을 것인가

(1980)

어느 해변에서

그는 해변가에 차를 대고
빗방울 흐르는 창으로
바다를 바라다보고 있다
옆에 앉아 있는 늙은 개도
바다를 바라다보고 있다

(1980)

시월

친구 만나고
울 밖에 나오니

가을이 맑다
코스모스

노란 포플러는
파란 하늘에

(1980)

1945년 8월 15일

그때 그 얼굴들. 그 얼굴들은 기쁨이요, 흥분이었다. 그 순간 살아 있다는 것은 축복이요, 보람이었다. 가슴에는 희망이요, 천한 욕심은 없었다. 누구나 정답고 믿음직스러웠다. 누구의 손이나 잡고 싶었다. 얼었던 심장이 녹고 막혔던 혈관이 뚫리는 것 같았다. 같은 피가 흐르고 있었다. 모두 다 '나'가 아니고 '우리'였다.

(1980)

제7부
만남

비 개고

햇빛에 물살이
잉어같이 뛴다
"날 들었다!" 부르는 소리
멀리 메아리친다

(1984)

너는 이제

너는 이제 무서워하지 않아도 된다. 가난도 고독도
그 어떤 눈길도

너는 이제 부끄러워하지 않아도 된다. 조그마한 안정을 얻기
위하여 견디어 온 모든 타협을

고요히 누워서 네가 지금 가는 곳에는 너같이 순한 사람들과
이제는 순할 수밖에 없는 사람들이 다 같이 잠들어 있다

(1987)

고목(古木)

나비와 벌들이
찾아온 지 여러 해
햇빛 비치고
비 적시기도 한다

(1987)

장수(長壽)

회갑 지난
제자들이 찾아와
나와 같이 대학생 웃음을 웃는다
내 목소리가 예전같이 낭랑하다고
책은 헐어서 정들고
사람은 늙어서 오래 사느니

(1987)

만추(晩秋)

한 잎, 두 잎, 대여섯 잎
그러다 바람이 불면
앞이 아니 보이게 쏟아져

낙엽이 뺨에 부딪친다
내 눈을 스치던 그 머리카락
기억은 헐벗은 나무 같다

바바리 깃을 세우고
낙엽에 묻히는
십일 월 오후를 걷는다

(1987)

잔설(殘雪)

아침
하얀 눈 위에
파란 빛이
서려 있었다
이제
진흙에 섞인
저 희끗희끗한 눈 위에
석양이 비친다

(1987)

가을

호수가 파랄 때는
아주 파랗다

어이 저리도
저리도 파랄 수가

하늘이, 저 하늘이
가을이어라

(1987)

너는 아니다

너같이 영민하고
너같이 순수하고

너보다 가여운
너보다 좀 가여운

그런 여인이 있어
어덴가에 있어

네가 나를 만나게 되듯이
그를 내가 만난다 해도

그 여인은
너는 아니다

(1987)

전해 들은 이야기

잔주름져가는 눈매를
그녀가 그렇게 슬퍼하는 것은
이제는 사람들의 눈을 기쁘게 하지 못한다는 그런 아쉬움도 아니오
중년부인이란 말이 서운하여서도 아니다
그녀를 그렇게 슬프게 하는 것은
세월도 어찌하지 못하는, 언제나 젊은 한 여인이 남편의 가슴
어딘가에 숨어 있다는 사실이다

(1987)

새

그래
너 한 마리 새가 되어라

하늘 날아가다
네 눈에 뜨이거든

나려와 마른 가지에
잠시 쉬어서 가라

천년 고목은
학같이 서 있으리니

(1988)

기억만이

햇빛에 이슬 같은
무지개 같은
그 순간 있었느니

비바람 같은
파도 같은
그 순간 있었느니

구름 비치는
호수 같은
그런 순간도 있었느니

기억만이
아련한 기억만이
내리는 눈 같은
안개 같은

(1991)

꽃씨와 도둑*

마당에 꽃이
많이 피었구나

방에는
책들만 있구나

가을에 와서
꽃씨나 가져 가야지

(1991)

---

* 이 시의 원제는 〈어떤 도둑〉이다.

고백

정열
투쟁
클라이맥스
그런 말들이
멀어져 가고

풍경화
아베 마리아
스피노자
이런 말들이 가까이 오다

해탈 기다려지는
어느 날 오후
걸어가는 젊은 몸매를
바라다본다

(1991)

저 안개 속에 스며 있느니

바닷가 모래 위에
그 이름 썼느니
파도는 그것을 지우고
나는 또 쓰고

질화로 사윈 재 위에
그 이름을 썼느니
지우고는 또 쓰고
밤이 깊어가는데

세월이 흐르고
이제 그 이름은
재보다 더 고운
저 안개 속에 스며 있느니.

(1992)

너

눈보라 헤치며
날아와

눈 쌓이는 가지에
나래를 털고

그저 얼마 동안
앉아 있다가

깃털 하나
아니 떨구고

아득한 눈 속으로
사라져 가는
너

(1992)

만남

그림 엽서 모으며
살아왔느니

쇼팽 들으며
살아왔느니

겨울 기다리며
책 읽으며 —
고독을 길들이며
살아온 나

너를 만났다
아 너를 만났다.

찬란한 불꽃
활짝 피다 스러지고

찬물 같은 고독이
평화를, 다시 가져오다. (1992)

창밖은 오월인데

창밖은 오월인데
너는 미적분을 풀고 있다
그림을 그리기에도 아까운 순간

라일락 향기 짙어 가는데
너는 아직 모르나 보다
잎사귀 모양이 심장인 것을

크리스탈 같은 미(美)라 하지만
정열보다 높은 기쁨이라 하지만
수학은 아무래도 수녀원장

가시에도 장미 피어나는데
'컴퓨터'는 미소가 없다
마리도 너도 고행의 딸

(1993)

제2악장

모차르트 피아노 협주곡 제2악장
베토벤 운명 교향곡 제2악장
브람스 2중 협주곡 제2악장
차이코프스키 현악4중주 제2악장
그리고
비올라
알토는
나의 사랑입니다.

(1996)

선물(2)

너는 나에게 바다를 선물하였구나
네가 준 소라껍질에서
파도소리가 들린다.

너는 나에게 산을 선사하였구나
네가 준 단풍잎 속에서
붉게 타는 산을 본다.

너는 나에게 저 하늘을 선사하였구나
눈물 어린 네 눈은
물기 있는 별들이다.

(1996)

이런 사이

한여름
색깔 끈끈한 유화油畵
그런 사랑 있다지만

드높은 가을 하늘
수채화 같은 사이
이런 사랑도 있느니

(1996)

그들

만리장성
피라미드
그들의 피가 흐르고 있다.

그리스의 영광
로마의 장엄
그들의 신음소리가 들린다.

(2002)

붉은 악마

붉은 악마들의
끓는 피
슛! 슛! 슛 볼이
적의 문을 부수는
저 아우성!
미쳤다, 미쳤다
다들 미쳤다
미치지 않는 사람은
정말 미친 사람이다.

(2002)

소망

내게는 하나
버릴 수 없는 소망이 있습니다.
어쩌다 그 모습을
멀리서
바라다 보는……

(2004)

제8부
번역 개작시 편

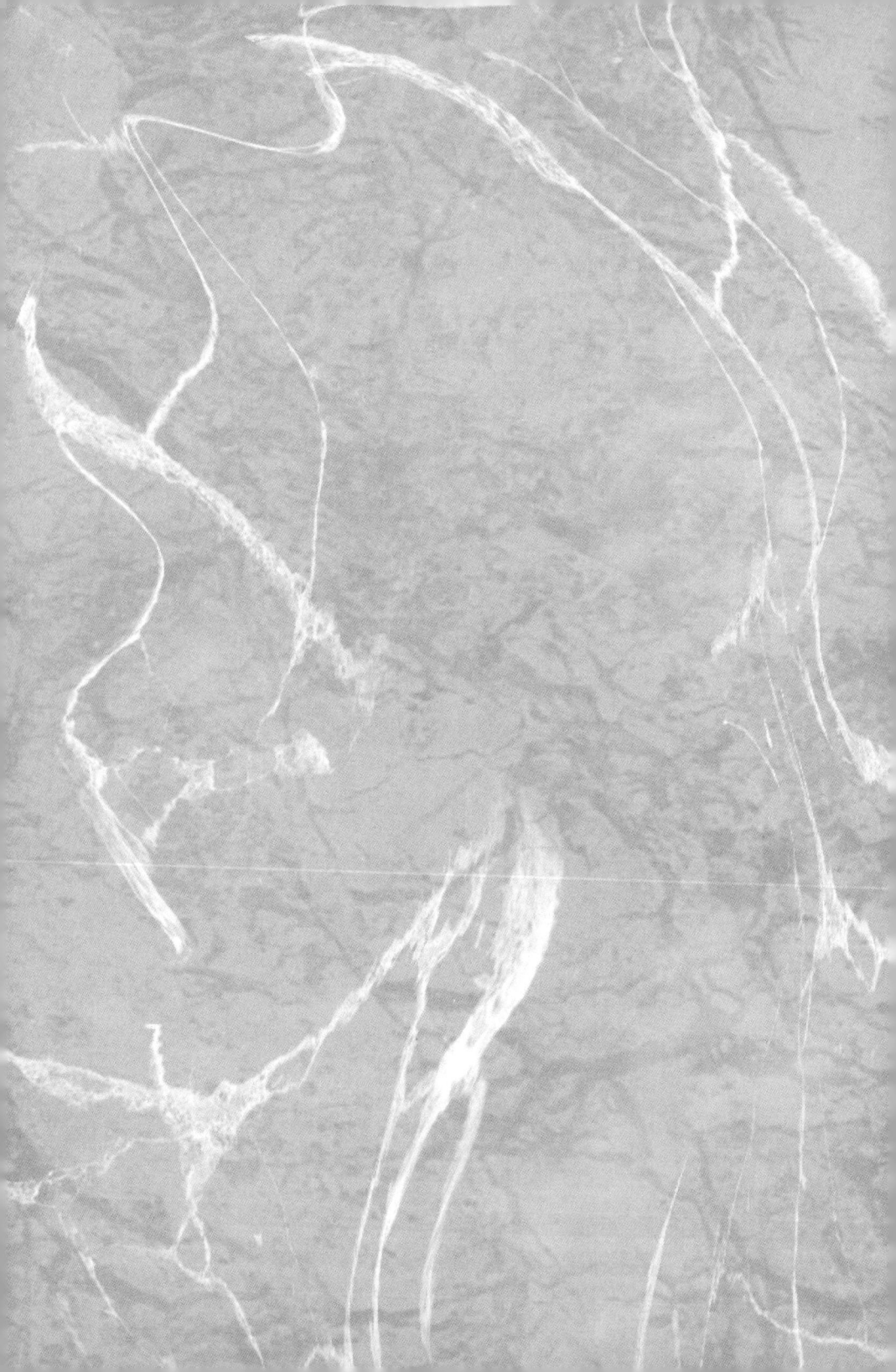

임은 얼음이요[*]

임은 얼음이요
이 마음은 불이로다

불 더울수록
얼음 더욱 굳어지고

얼음 차질수록
불은 더욱 뜨거워라

사랑은 무슨 힘이기에
천성조차 바꾸는고

(1959)

---

[*] 이 시는 영국 시인 에드먼드 스펜서(1552~1599)의 14행 소네트집 《아모레티》 30번의 번역 개작이다.

사슴 물을 찾아*

숨가쁜 사냥꾼이
그늘에서 쉬노라니

사슴 물을 찾아
시냇가로 내려오다

떠는 손이 만지어도
태연스레 쳐다보네

이상타 제풀로 돌아와
쉽사리 잡히는고

(1959)

---

* 이 시는 에드먼드 스펜서의 소네트집 《아모레티》 75번의 번역 개작이다.

문득 너를 생각하면[*]

내 처지 부끄러워
헛된 한숨 지어 보고

남의 복 시기하여
혼자 슬퍼하다가도

문득 너를 생각하면
노고지리 되는고야

첫새벽 하늘을 솟는 새
임금인들 부러우리

(1994)

---

[*] 이 시는 영국시인 윌리엄 셰익스피어(1564~1616)의 14행 소네트집 29번의 번역 개작이다.

이 세상 떠나고 싶다[*]

찬란한 명예들이
돈에 팔려 주어질 때

예술이 권력 앞에서
벙어리가 되었을 때

바보가 박사인 양
기술자를 통제할 때

이 세상 떠나고 싶다
그대를 두고 가지 않는다면

(1994)

---

[*] 이 시는 윌리엄 셰익스피어의 소네트집 66번의 번역 개작이다.

어느덧 두고 갈 것을*

앙상한 가지들은
폐허가 된 성가대석聖歌隊席

밤 오면 어두울 황혼
재 위에 남은 불빛

그대 나에게서
늦은 계절 들여다보고

어느덧 두고 갈 것을
더욱 사랑하라

(1994)

---

* 이 시는 윌리엄 셰익스피어의 소네트집 73번의 번역 개작이다.

지금도 그대 젊음[*]

지금도 그대 젊음 예전같이 고운지고
세 번 사월 향기 유월 볕에 세 번 타다
머문 듯 가는 젊음을 내 눈이라 속았느니

(1977)

---

* 이 시는 윌리엄 셰익스피어의 소네트집 104번을 시조(時調)로 번역 개작이다.

머문 듯 가는 것을*

지금도 그대 젊음
예전같이 고운지고

세 번 사월 향기
유월 볕에 세 번 타다

머문 듯 가는 것을
내 눈이라 속는 것이

들으라 후세 사람아
미(美)는 이미 졌으니

(1994)

---

* 이 시는 윌리엄 셰익스피어의 소네트집 104번의 번역 개작이다.

사랑만은 견디느니[*]

변화에 변심 않고
사랑만은 견디느니

폭풍이 몰아쳐도
사랑만은 견디느니

입술빛 퇴색해도
사랑만은 견디느니

이 생각 틀렸다면
사랑하지 않으리

(1994)

---

[*] 이 시는 윌리엄 셰익스피어의 소네트집 116번의 번역 개작이다.

그 입술 붉지마는[*]

백설이 희다면
그의 살갗 검은 편이

그 입술 붉지마는
산호 같다 하오리오

땅 위를 걷는 그는
천사도 아니지만

거짓들 견주어 보는
누구보다 고와라

(1994)

---

[*] 이 시는 윌리엄 셰익스피어의 소네트집 130번의 번역 개작이다.

피천득 연보

1910   서울 종로구 청진동 191번지에서 5월 29일 태어남(본관 : 홍성, 아버지 피원근, 어머니 김수성).

1916   아버지 타계. 유치원 입학, 동시에 서당에서 《통감절요》를 배움.

1919   어머니 타계. 경성제일고보(현 경기고) 부속소학교 입학.

1923   제일고보 부속소학교 4학년 때 검정고시 합격으로 2년 월반하여 경성제일고보 입학. 춘원 이광수가 피천득을 자신의 집에 3년간 유숙시키며 문학, 한시 및 영어 지도.

1924   2년 연상인 양정고보 1년생 윤오영과 등사판 동인지 《첫걸음》에 제목 미상의 시 발표.

1926   첫 시조 〈가을비〉를 《신민(新民)》 2월호(10호)에 발표. 9월에 첫 단편소설 번역(알퐁스 도데의 〈마지막 시간〉을 번역하여 《동아일보》에 4회 연재).

1927   중국 상하이 공부국 중학교 입학(1930년 6월 30일 졸업), 홍사단 가입. 도산 안창호 선생에게 사사.

1930   첫 자유시 〈차즘〉(찾음)을 《동아일보》에(1930년 4월 7일) 발표(등단). 상하이 후장대학(현 상하이 대학교) 예과 입학(9월 1일).

1931   후장대학 상과에 입학, 후에 영문학과로 전과함. 《동광》지에 시 3편 (〈편지〉 〈무제〉 〈기다림〉) 발표.

1932   첫 수필 〈은전 한닢〉을 《신동아》(1932년 5월호)에 발표.

1934	내서니얼 호손 단편소설 〈석류씨〉 번역(윤석중 책임 편집《어린이》지에 게재). 상하이 유학 중 중국 내전으로 일시 귀국하여 금강산 장안사에서 상월스님에게 1년간《유마경》《법화경》을 배우고 출가까지 생각하였으나 포기.
1937	상하이 후장대학 영문학과 졸업(졸업 논문 주제는 아일랜드 애국시인 W. B. 예이츠).
1939	임진호와 결혼(시인 주요한 부인의 중매와 이광수 부인 허영숙의 추천). 장남 세영 태어남.
1940	서울 중앙상업학원 교원(1945년 1월 20일까지).
1941	경성제국대학 이공학부 도서관 고원(영문 카탈로그 작성).
1943	차남 수영 태어남.
1945	경성대학교 예과교수 취임(10월 1일), 그 이듬해 국대안 파동으로 사직서 제출(10월 22일).
1946	서울대학교 문리과대학 교수(1948년 2월 28일까지).
1947	첫 시집《서정시집》(상호출판사) 간행. 딸 서영 태어남.
1948	서울대학교 사범대 영문과 교수 취임(3월 1일).
1954	미국 국무성 초청 하버드대 연구교수(1년간).
1957	《셰익스피어 이야기들》(찰스 램 외 저) 번역(대한교과서주식회사) 출간.
1959	《금아시문선》(경문사) 출간.
1963	서울대학교 대학원 영어영문학과 주임교수(1968년 1월 10일까지). 8·15표창 받음.
1964	《셰익스피어 쏘네트집》 번역(정음사) 출간.
1968	자신의 영역 작품집《플루트 연주자(*A Flute Player*)》(삼화출판사) 출간.

1969	금아시문선《산호와 진주》(일조각) 출간. 미국의 여러 대학에서 한국 문학, 문화 순회강연. 영국 BBC초청으로 영국 방문.
1970	제37회 국제PEN 서울세계대회(대회장 : 백철) 참가 : 논문발표 및 한국시 영역 참여. 국민훈장 동백장 받음.
1973	월간문예지《수필문학》에 수필 〈인연〉 발표.
1974	서울대학교 조기퇴직(8월 14일자) 후 미국 여행.
1975	서울대학교 명예교수.
1976	수필집《수필》(범우사) 출간.
1977	《산호와 진주》로 제1회 수필문학대상 수상.
1980	《금아시선》《금아문선》(일조각) 출간.
1991	대한민국 문화예술상 은관문화훈장 수여.
1993	시집《생명》(동학사) 출간.
1994	번역시집《삶의 노래 — 내가 사랑한 시, 내가 사랑한 시인》(동학사) 출간.
1995	제9회 인촌상 수상(시 부문).
1997	88세 미수기념《금아 피천득 문학전집》(전 4권, 샘터사) 출간.
1999	제9회 자랑스러운 서울대인 수상.
2001	영역 작품집《종달새(*A Skylark: Poems and Essays*)》(샘터사) 출간.
2002	단편소설 번역집《어린 벗에게》(여백) 출간.
2005	상하이 방문(상하이를 떠난 지 70년 만에 차남 피수영, 소설가 박규원과 함께).
2007	서울 구반포 아파트에서 폐렴 증세로 서울 아산병원에 입원한 뒤 별세(5월 25일). 경기도 남양주 모란공원(예술인 묘역)에 안장.

타계 후 주요 사항

2008   서울 잠실 롯데월드 3층 민속박물관 내 '금아피천득기념관' 개관.

2009   피천득 수필집 《수필》(특별양장본/범우사 출간).

2010   탄생 100주년 기념 제1회 금아 피천득 문학세미나 개최(중앙대).

2014   피천득 동화 《자전거》 창작 그림책(권세혁 그림) 출간. 2018년부터 피천득 수필 그림책 시리즈 《장난감 가게》(조태경 그림), 《엄마》(유진희 그림), 《창덕궁 꾀꼬리》(신진호 그림), 《서영이와 난영이》(한용옥 그림) 계속 출간.

2015   금아피천득선생기념사업회 결성(초대회장 석경징).

2016   부인 임진호 여사 별세(모란공원에 합장).

2017   서거 10주기를 맞아 《피천득 평전》(정정호 지음) 출간.

2018   서울 서초구 반포천변에 '피천득산책로'(서초구청) 조성.

2022   탄생 112주기, 서거 15주기를 맞아 《피천득 문학 전집》(전 7권)(범우사)과 《피천득 대화록》(범우사) 출간.

작품 해설

나는 열다섯 살 무렵부터 일본 시인의 시들 그리고 일본어로 번역된 영국과 유럽의 시들을 읽고 시에 심취했습니다. 좀 세월이 흘러서는 김소월, 이육사, 정지용 등 우리나라 시인들의 시를 애송했습니다. 말하자면 시에 대한 사랑이 내 문학인생의 출발이었던 셈입니다. 대학에서 영문학을 공부하게 된 것도, 실은 영국 시인들의 시 작품을 제대로 감상하고 싶었기 때문입니다. … 그리고 나 자신 시인이 되고 싶었고, 직접 시를 쓰기도 했습니다. 그런데 독자들이 내가 쓴 수필과 산문을 많이 사랑하게 되면서 내가 쓴 시들이 그것에 가려진 듯한 느낌이 듭니다.

— 피천득 〈시와 함께한 나의 문학인생〉(2005)

'시인' 피천득의 새로운 평가를 위하여

피천득은 '시詩'로 문학 인생을 시작했다. 시는 금아 문학의 뿌리다. 1920년대 중반인 10대 중반 그는 경성고보 재학 때부터 시 창작에 관심을 가졌다. 당시 양정고보를 다니던 2년 연상의 수필가 윤오영과 〈첫 걸음〉이란 등사판 동인지를 내기도 했다. 이때 쓴 습작 시는 남아 있지 않다.

이렇듯 금아는 무엇보다도 소년 시절부터 시를 사랑했고 읽기를 즐겼다. 그리고 자연히 시 창작을 위한 습작도 이루어졌을 것이다.

그러나 피천득이 남긴 120여 편의 시 중에서 주옥같은 명편들이 여러 편 있음에도 불구하고 시인으로서 피천득의 가치와 위상이 제대로 알려지지 않아 안타까울 따름이다. 한국 문단과 학계는 장르 순혈주의에 빠져 시와 수필을 같이 쓰는 다-장르 작가에게 지나치게 편견을 가진 것일까? 이번 피천득 문학 전집의 첫 번째 권으로 시집을 배치한 것도 시인 피천득의 새로운 면모를 드러내기 위해서다.

첫 시조 〈가을비〉(1926)와 첫 자유시 〈찾음〉(1930)

편집자는 해설의 첫 부분을 피천득의 최초 발표시 또는 시조 이야기부터 시작하고자 한다. 지금까지 출간된 일조각, 범우사, 동학사, 샘터사, 민음사 등의 작품집에 나오는 피천득의 작가소개는 모두 "1930년 《신동아》 등에 시를 처음 발표하였다"로 되어 있다. 이것은 명백한 오류다. 그런데도 수십 년 동안 수정되지 않고 그대로 계속됐다. 필자가 1930년대 신문, 잡지를 조사한 바에 따르면 실제로 피천득의 첫 시는 1930년 4월 7일 자에 실린 〈차즘〉(찾음)이다. 그리고 《신동아》지에 시가 처음 실린 시 작품 〈선물〉과 〈달무리 지면〉은 1932년 6월호였으며 1930년에 《신동아》에는 시나 수필 어떤 작품도 실리지 않았다. 그러므로 지금까지 알려진 1930년 《신동아》 설은 잘못된 것으로, 피천득의 첫 시작품은 《동아일보》 1930년 4월 7일 자에 실린 〈차즘〉으로 확정해야 한다.

그러던 중 편집자는 2021년 봄, 한준섭, 박병순, 리태극의 책임편집하에 1985년 발간된 《한국시조 큰사전》(을지출판공사) 97쪽, 피천득의 표제어 기사에서 피천득의 첫 시조를 찾아냈다. 시조 〈가을비〉

가 《신민》(新民) 1926년 2월호(제10호)에 실린 것으로 표기되어 있다. (그때부터 편자는 《신민》 잡지를 찾아보기 위해 국립중앙도서관 등 다방면으로 알아보았으나 찾을 수가 없었다. 아마도 어떤 개인이 이 잡지를 소장하고 있는지 모른다.) 《신민》 잡지를 직접 확인하지 않고는 이 시조가 피천득의 첫 작품인지 확신할 수 없다. 아마도 이 사전의 편집자들은 《신민》 잡지에서 이 첫 시조를 직접 찾았고, 당시 피천득 자신이 이 원고를 직접 교정보았을 수 있으므로 믿을 수 있다. 만일 피천득이 직접 사진과 친필 원고까지 제출한 이 시조 대사전을 교정보면서 자신이 쓴 시조가 아니었다면 그때 이 시조 〈가을비〉는 자신의 작품이 아니라고 분명하게 밝혔을 것이다.

1926년이면 피천득이 16세 되던 해이고 경성고보 재학 중이었다. 이 시조는 아마도 등사판 동인지 〈첫걸음〉에 실렸던 것일 수도 있다. 일찍이 부모를 잃은 피천득은 당시 경성고보가 있던 화동에서 《동아일보》 편집국장이던 춘원 이광수(1892~1950) 집에서 3년간 살고 있었다. 이때 피천득은 이광수 집을 드나들던 노산 이은상(1903~1982)을 만난 후 시조에 관한 관심을 가지고 시조를 쓰기 시작했을까? 〈가을비〉라는 시조는 1926년 8월 상하이 유학을 위해 출국하기 전 잡지 《신민》에 투고했던 걸까? 편집자는 후일 더 확실한 증거가 나올 때까지 일단 〈가을비〉를 이 전집에 수록하기로 한다.

시조 〈가을비〉를 읽어보자

고요히 잠든 강 위 하염없이 듣는 비의
한 방울 두 방울에 벌레소리 잦아진다

아마도 이 비는 (정녕) 낙엽의 눈물인가.

　16세에 쓴 이 시조는 완성도는 좀 떨어진다 해도 피천득 특유의 서정성이 들어있다. 조용한 강 위로 내리는 비가 벌레 소리와 연결되고 이 비는 다시 낙엽의 '눈물'로 변신(의인화)하면서 점층적으로 가을비의 애상이 독자들 마음에 파문을 일으킨다. 피천득은 그 후에도 시조를 여러 편 써서 발표했을 뿐 아니라 시조에 대한 그의 관심과 사랑은 계속 이어졌다.

　상하이 유학 생활과 소설가 주요섭을 회상하는 피천득 수필 〈여심〉에서 보면 이 시조가 발표된 1926년은 1920년대 후반 민족의 고유 정형시로서 시조 부흥 운동이 일어나기 시작한 때였다. 1927년 출간된 한국 최초의 육당 최남선의 시조집 《백팔번뇌》가 언급된다. 그 후 〈만나서〉, 〈벗에게〉, 〈산야〉, 〈이 마음〉, 〈진달래〉 등의 시조를 꾸준히 써왔다. 피천득은 인생 후반기인 1977년에 14행의 정형시 셰익스피어 소네트 104번을 3행의 평시조 형식으로 개작하여 《시조문학》(제12호)에 발표하기도 했다.

　시조 〈가을비〉가 발표된 이후 피천득이 자유시 형식으로 쓴 첫 시는 1930년 4월 7일 자 《동아일보》에 실린 〈차즘〉(찾음)이다. 이 시의 필자는 금아琴兒로 되어 있다. 우선, 시의 전문을 살펴보자.

　　마치고 기다림도
　　못 견딘다 하옵거든

말없이 찾는 심사
아는 이나 아올 것이
십년은 더 살 목숨이
줄어든 듯하여라

모습이 그인가 하여
하마 그인가 따라갔더니

닥치니 아니로세
애꾸저 봤횡세라

아쉬워 정 가시랴만
굳이 미워합니다.

오늘밤 달 뜨거든
그 빛을 타고 올라

이 골목 저 거리로
두루두루 찾삽다가

슬며시 님 자는 곁에
내려볼까 합니다.

이 시는 자유시처럼 보이지만 자세히 보면 3편의 평시조가 연결된 연시조 형식으로 3·4조와 4·4조를 비교적 엄격히 지키는 시조의 율격을 따르고 있다. 초장, 중장, 종장을 각각 2행으로 나누어 하나의 연으로 만들고 있어서 이 시는 결국 평시조 3편인 연시조에 해당하나 각 2행을 연이어 붙여 9개의 연을 만들고 있다. 피천득은 전통시인 시조의 율격을 따르고 행갈이를 해 형식만 자유시를 따르는 시를 창작한 것이다. 이 시는 한자나 외래어가 전혀 없이 순 한글과 일상 토속어로 쓰였다.

조동일 교수가 한국의 현대 시를 창작하는 방식 중 〈현대 시에 나타난 전통적 율격의 계승〉을 논하는 글에서 한용운, 김소월, 이상화, 김영랑, 이육사에 대해 말한 바 있다. 피천득도 첫 번째 자유시에서 "음보의 분단과 중첩에 의한 방법, 기준 음절수의 증감에 의한 방법, 상이한 음보를 결합시키는 방법 등"을 통해 시조의 "전통적 율격에 대한 깊은 이해를 가지고 전통적 율격을 새로운 창조를 위해 변형시켜 계승"(170~171)했다고 말할 수 있다.

이 첫 자유시에서 피천득이 찾은 것은 무엇일까? 매우 '그리운' 어떤 존재일 것이다. 10살 때 돌아가신 '엄마'를 찾고 것일까? 어린 시절 엄마와 함께 다니던 서울 종로구 청진동 일대에서 엄마의 흔적을 "말 없이 찾"아 본다. 시인은 밤의 달빛을 타고 올라가 이 골목 저 골목 살피다가 찾게 된 님 옆에 "살며시" 내리고자 한다. 어려서 곁을 떠난 엄마에 대한 사무친 그리움과 기다림이 그대로 묻어난다.

피천득의 개별 시 작품을 논하기에 앞서 그의 창작 시기를 구분하면 크게 3기로 나눌 수 있다.

제1기는 작품 창작과 번역을 시작한 1930년 전후부터 1945년 해방까지 15년간이다. 제2기는 해방 직후 1945년 10월 피천득이 경성대학교 예과 교수로 부임한 후부터 서울대 사대 영문과 교수로 조기 퇴직한 1974년까지 29년간이다. 제3기는 퇴임 후 1975년부터 2007년 타계할 때까지 32년간이다.

 물론 이렇게 3기로 나누는 것이 자의적이지만 피천득의 삶과 시대를 고찰해 볼 때 설득력 있는 구분이다. 총 147편 정도의 창작시 편수를 살펴보면 초기인 1기에는 71편(48%)이고 중기인 2기에는 31편(21%), 후기인 3기에는 45편(31%)이다. 이렇게 볼 때 시인 피천득은 일제강점기인 초기에 시의 거의 절반을 창작하였다.

 그러나 피천득의 경우 시기와 시대의 구분에도 불구하고 문학에 대한 기본적 사상과 창작 방식은 바뀌지 않고 놀라울 정도로 일관성을 유지한다. 물론 시와 수필의 소재나 제재는 달라지고 확장되는 것은 피할 수 없다.

 이제부터 1930년대부터 시기와 주제별로 작품 1편씩 골라 읽어 보기로 하자.

〈불을 질러라〉(1932)

 피천득은 일제강점기인 1932년 잡지 《동광》(12월호)에 시 〈불을 질러라〉를 발표하였다. 《동광》지는 도산 안창호 선생이 만든 흥사단에서 출간한 기관지였고 당시 피천득은 흥사단우였다. 피천득은 그 후 자신의 단행본 문집 어디에도 이 시를 게재하지 않았다. 아마도 지나치게 과격했다고 느꼈을까 아니면 작품의 예술성이 약하다고 생각해서였을까? 우선, 시를 읽어보자.

마른 잔디에 불을 질러라!
시든 풀잎을 살라 버려라!
죽은 풀에 불이 붙으면
희노란 언덕이 발갛게 탄다
봄 와서 옛터에 속잎이 나면
불탄 벌판이 파랗게 된다.

마른 잔디에 불을 질러라!
시든 풀잎을 살라 버려라!

이 시에서 시인은 척박한 일제강점기를 상징하는 "마른 잔디"와 "시든 풀잎"을 모두 태워버리라고 소리친다. 타다 남은 시꺼먼 땅은 봄이 되면 파란 새순이 돋아나지 않겠는가? 강인한 생명력을 가진 잔디와 풀잎은 "불탄 벌판"에서 부활하여 재생되는 것이다. 마른 잔디와 시든 풀잎은 타지 않으면 계절이 바뀌어도 다시 돋아나지 않는다. 차라리 모두 타버려야 다시 살아날 수 있다. 피천득은 1연을 3연에서 똑같이 반복함으로써 강조하는 시적 효과를 극대화하고 있다. 피천득은 평소에 자신의 삶을 "소극적 저항"이라고 언명했지만, 이 시에서는 식민지 지식인 문인으로서의 "적극적" 저항도 볼 수 있다.

〈이 마음〉(1933): 시조 창작

피천득의 시조 사랑은 1920년대 후반부터 시작되었다. 1926년 첫 시조 〈기을비〉를 발표한 피천득은 1930년대 초반 여러 편의 시조를 썼다. 일제강점기 당시 시조는 한 민족 고유의 문학 장르라 여겨 최남선을 필두로 시조 부흥 운동이 크게 일어났다. 1933년 《신가정》 2월호에 〈만나서〉라는 제목으로 시조 3편을 발표하였고, 두 달 후 4월호에 〈이 마음〉이라는 제목으로 시조 2편을 발표하였다. 1947년 간행한 첫 시집 《서정시집》 끝 부분에 시조형식으로 〈사랑〉이란 큰 제목 아래 16편을 실었다. 최남선, 이은상 등의 영향으로 피천득은 시인 생활 초기에 한국의 전통적 정형시인 시조에서 새로운 가능성을 모색하려 한 것 같다. 피천득의 두 번째 시조인 〈만나서〉는 3편의 평시조로 구성된 연시조이다.

    세 번째 시조 〈이 마음〉은 엄격한 형식의 시조가 아니라 "변형된" 시조형식을 취한 자유시다.

>떨어져 사는 우리
>편지조차 못 하리니
>같은 때 별을 보고
>서로 생각하자 했네
>깊은 밤 흐린 하늘에
>샛별 찾는 이 마음
>
>늦도록 문틈으로
>불빛 새는 밤이면은
>불 끄고 누워서도
>그와 함께 새우노니
>찾아가 님 없는 방에

불 켜놓은 이 마음

(《신가정》 1933년 4월호)

이 시는 평시조 3행을 6행으로 늘린 연시조 형식이나 1연의 종장 첫 구절의 "깊은 밤"과 2연 종장의 첫 구절 "찾아가"는 엄격하게 3자를 지키고 있다. 이 시조는 시행 수를 늘려 자유시처럼 꾸민 것으로, 이런 변형으로 시조의 전통성에서 벗어나는 자유시의 새로움을 시도하였다.

피천득은 오랜 후인 1961년 〈시조에 관한 앙케이트〉에서 다음과 같은 견해를 밝혔다.

> 1) 시조의 장래를 어떻게 보십니까?— 시조는 영구히 남을 것이고 특히 신시(현대시)를 짓는 사람도 시조를 짓게 되리라고 생각한다.
> 2) 어떻게 하면 시조를 더 발전시킬 수 있을까요?— 현대 생활감정은 시조로도 충분히 읊을 수 있다. 그러므로 국민에게 인식시켜 하나의 국민문학으로 이끌어 나가야 할 것이다.
> 3) 현대 우리 문단에서 본 시조의 위치(비중)는 여하如何?— …우리 시조도… 우리 국민들이 누구나 가지고 있어야 할 텐데.
>
> (《시조문학》 1961년 여름호, 17쪽)

9개 문항 중 3개만 소개했지만 여기서 피천득은 시조의 문학성과 미래에 관한 강한 믿음을 잘 보여주고 있다.

이제부터 주제별로 몇 편의 시를 별표 연도순으로 읽어보기로 한다.

〈아가의 오는 길〉(1931): 어린이(아동) 문학

금아 피천득의 시 세계는 어린이 세상이다. 금아 본인이 일생을 어린아이처럼 순박하고 단순하게 살고자 노력했다. 금아는 "무지개를 보고 소리 지르는 어린아이"를 좋아했으며, 갓 태어난 아기를 생명의 역동성이 충만한 존재로 보았다. 인간은 나이가 들면서 조금씩 이러한 활력을 잃어버린다. 금아의 "아기" 시에는 당연히 추상적 개념어들보다 특별히 의성어나 의태어와 같이 살아 움직이는 생명의 원초적 몸동작에 관한 어휘들이 많다.

시 〈아가의 오는 길〉은 이런 경향이 두드러진다.

재깔대며 타박타박 걸어오다가
앙감질로 깡충깡충 뛰어오다가
깔깔대며 배틀배틀 쓰러집니다

뭉게뭉게 하얀 구름 쳐다보다가
꼬불꼬불 개미 거동 구경하다가
아롱아롱 호랑나비 쫓아갑니다 (전문)

막 걸음마를 배우는 아가의 모습이 의태어로 아주 생생하게 그려지고 있다. "타박타박", "깡충깡충", "배틀배틀", "꼬불꼬불", "아롱아롱"은 아름답고 정겨운 우리의 모국어다. 거의 동물적 수준의 어린 아가들의 활기찬 모습이 매우 인상적인데, 이러한 생명력은 자랑스러운 인간 문명의 여명이며 시작이다.

〈어린 벗에게〉(1934): 산문시

원래 제목이 〈사막의 꽃〉으로 되어 있었던 이 시는 비교적 긴 산문시이다. "사막"으로 상징하는 일제강점기에 우리 민족에 대한 탄압과 억압 속에서 "어린 벗"인 "나무"는 추위와 가뭄의 반복으로 거의 절망적인 상태에 놓여 있다. 그러나 마지막 연에서 확실한 반전이 일어난다.

가을도 지나고 어떤 춥고 어두운 밤 사막에는 모진 바람이 일어, 이 어린 나무를 때리며 꺾으며 모래를 몰아다 뿌리며 몹시나 포악을 칠 때가 옵니다. 나의 어린 벗이여, 그 나무가 죽으리라고 생각하십니까, 아닙니다. 그때 이상하게도 그 나무에는 가지마다 부러진 가지에도 눈이 부시도록 찬란한 꽃이 송이송이 피어납니다. 그리고 이 꽃빛은 별 하나 없는 어두운 사막을 밝히고 그 향기는 멀리멀리 땅 위로 퍼져 갑니다.

이 시는 절망 속에 있는 "어린 벗"에게 언젠가 되살아날 끈질긴 생명력을 강조하여 희망을 주는 어린이 찬가다. 이 산문시는 피천득이 번역 발표한 인도의 시성 라빈드라나드 타고르(1861~1941)의 시집 《기탄잘리》의 60번 시를 반향한다. 타고르의 시에는 생명의 원형인 "바닷가"에서 생명의 토대인 "아이들"이 장난치며 놀고 있다. 이들의 공통적 주제는 어린이 예찬이다. 어린이야말로 당시 일제강점기의 한반도뿐만 아니라 세계 어디서나 인간의 미래를 열어주는 새로운 희망과 가능성이기 때문이다.

피천득은 20세기 벽두부터 한반도를 둘러싸고 숨 가쁘게 돌아가는 일제강점기라는 억압과 차별의 척박한 역사와 개인적으로 고단한 현실 속에서도 강인한 생명력과 희망의 원리를 가지고 삶을 유지하고 지탱하면서 거의 1세기를 살아남았다. 이런 모습이 그의 산문시〈어린 벗에게〉에서 잘 나타난다.

어려서 부모를 여의고 외롭고 춥게 살아오면서 생긴 피천득의 몸과 마음의 깊은 상처(scar)는 끈질긴 생명력을 가진 어린 벗인 '별(star)'로 변형되었다. 피천득은 이러한 삶의 고난 속에서 굽어질 때가 있었지만 결코 변절하거나 포기하여 부러지지는 않았다.

이 산문시는 '나무'에 관한 시이다. 사막에 있는 나무다. 사막이란 말이 아홉 번이나 나온다. 시인이 사막 속에서 (어린) 나무 이야기를 "어린 벗"에게 하는 이유는 무엇인가? 그것은 물 없는 사막에서 살아가야 하는 어린 나무(어린 벗)에게 하는 말이다. 일제 식민통치가 시작된 경술국치의 해 1910년 5월에 태어난 금아는 어린 나이에 부모를 모두 잃어 이 넓은 세상에서 기댈 데가 없었다. 얼마나 외롭고 쓸쓸하고 두려웠을까? 여기서 어린 벗은 금아 자신이고 사막은 부모 없는 어린 고아가 사는 세상이다. 이 시는 엄혹한 일제강점기를 살아가는 자신을 위로하기 위한 고백시이기도 하다.

〈양〉(羊) (1932): 동물시

피천득은 1932년 4월 21일자 《동아일보》에 〈양〉이란 시를 발표했다. 전편을 읽어보자.

양아 양아

네 마음은 네 몸같이 희고나

양아 양아
네 마음은 네 털같이 보드랍구나

양아 양아
네 마음은 네 음성같이 정다웁고나

 이 시는 어떤 시적 지식 없이도 있는 그대로 읽을 수 있다. 피천득은 양의 속성을 흰 몸, 부드러운 털, 정다운 음성으로 나누면서 이 시에서 양의 마음의 특성을 "희고나", "보드랍구나", "정다웁고나"로 묘사한다. 이것으로 족하다. 그러나 기독교적 이미지와 연결하면 해석이 더 풍요로워질 수 있다. 이 시에 분명한 기독교적 이미지를 담는 것이 시인의 목적이 아니었을지 몰라도 필자에게는 영국 낭만 전파 시인 윌리엄 블레이크의 시 〈양〉의 반향이 강하게 느껴진다.

 양의 몸이 "희다"라는 말은 양으로 비유되는 예수의 죄 없는 순수함, 순결함을 가리키고, 양의 털이 "보드랍다"는 말은 예수의 유순하고 온유함을 가리키며, 양의 음성이 "정답다"는 말은 예수가 사랑으로 가득한 분임을 밝힌다. 편집자의 이런 읽기가 "오독"으로 불릴 수 있지만, "창조적 오독"이라면 독자들도 마다치 않으리라. 피천득은 후에 블레이크의 시 〈양〉을 우리말로 아름답고 부드럽게 번역했다.

 이 밖에도 피천득은 1932년 4월 17일부터 6월 1일까지 《동아일보》에 11편의 동물시를 연속적으로 발표하였다. 제목을 소개하면 〈양〉, 〈타조〉, 〈락타〉(낙타), 〈부엉이〉, 〈학〉, 〈독수리〉, 〈펠리컨〉, 〈사자〉, 〈공작〉, 〈백로와 오리〉다. 여기서 두드러진 점은 조류가 많다는 사실이다. 피천득이 왜 이렇게 집중적으로 동물 시를 발표했는지는 알려지지 않았다.

그러나 한층 더 특이한 점은 이 동물시 11편 모두가 훗날 피천득이 펴낸 시집에 단 한 편도 수록되지 않았다는 것이다. 애초에 어린이들을 위해 동시처럼 지은 내용이 너무 단순하고 쉬운 시들이기도 하고 본격문학에서는 작품 수준의 문제가 있다고 생각했기 때문일까?

〈금아 연가〉 13번 (1946)

피천득의 "사랑" 노래는 시조형식으로 첫 시집 《서정시집》(1947)에 실렸다. 연시조 형식으로 된 16편 시의 전체 제목은 〈사랑〉이다. 1959년 두 번째 창작집 《금아시문선》(1959년)에는 2편이 추가되어 18편이 실렸으나 제목은 아직도 〈사랑〉으로 되어있다. 그러다 1969년 출간된 《산호와 진주: 금아시문선》에서는 제목이 〈금아 연가〉로 바뀌었고 그 이후 나온 작품집에는 계속 〈금아 연가〉로 되어있다. 이렇듯 피천득은 초기부터 사랑의 시편인 〈금아 연가〉를 애지중지했음을 알 수 있다. 피천득의 〈금아 연가〉는 현대 한국 문학사에서도 탁월한 사랑의 시편이다.

금아 연가 18수 중 1933년에 발표한 13번을 읽어보자.

오실 리 없는 것을
기다리는 이 마음을

막차에 내리실 듯
설레는 이 가슴을

차 가고 정거장에는
장명등이 꺼지오

이 시의 화자는 어느 시골 정거장에서 오지도 않을 연인을 기다리고 있다. 얼마나 애달프게 사모하는 여인이었으면 그랬을까? 막차까지 기다렸으나 그 여인은 내리지 않았다. 안 오는 줄 알면서도 그리움을 달래려고 정거장까지 나왔으리라. 결국, 막차까지 떠나버린 정거장에 외롭게 켜있는 장명등長明燈마저 꺼진다.

이 시의 화자는 마음마저 꺼진 채 재만 남은 가슴을 쓸어내리며 컴컴한 밤길로 되돌아가는 쓸쓸한 모습을 꺼진 장명등으로 시적 효과를 극대화하고 있는 수작秀作이다. 언젠가 피천득은 이 13번을 독자들이 '절창'이라고 칭찬했다고 회고한 적이 있다.

피천득은 1930년대 후반부터 1945년 해방 때까지 소위 암흑기로 불리는 일제강점기 말기에 모국어인 한국어로 시 쓰기가 불가능해지자 절필을 선언하고 창작을 멈추었다.

〈생명〉(1946)

피천득은 10년간의 절필 기간이 지난 후 해방이 되자 다시 시를 쓰기 시작했다. 그 첫 시가 〈생명〉이다. 이 시는 해방공간 시기에 가깝게 지냈던 경성제대 영문학과 출신인 시인, 수필가, 문학 비평가 김동석(1913~1949년 월북)이 간행한 주간 문예지《상아탑》(제6호, 1946년 5월 10일)에 〈실험〉이란 제목으로 게재되었다. 후에 〈생명〉이란 새 제목이 붙여졌다. 제6호에 금아의 다른 시 〈꿈〉도 함께 실렸다. 우선 1연과 3연을 보자.

> 억압의 울분을 풀 길이 없거든
> 드높은 창공을 바라보라던 그대여
> 나는 보았다
> 사흘 동안 품겼던 달걀 속에서
> 티끌 같은 심장이 뛰고 있는 것을
>
> …
>
> 살기에 싫증이 나거든
> 남대문 시장을 가 보라던 그대여
> 나는 보았다
> 사흘 동안 품겼던 달걀 속에서
> 지구의 윤회와 같이 확실한
> 생生의 생의 약동을!

금아의 시 세계에서 가장 중요한 주제인 '생명'은 어떤 최고의 과학이나 최첨단 기술에 의해서도 기계적으로 탄생시킬 수 없다. 생명은 생명에 의해서만 생성될 뿐이다. 금아는 무엇보다도 신비로운 생명 현상에 놀라움을 금치 못한다. 이 시에는 살아있음의 축복과 고마움, 생生의 약동과 신비에 대한 경탄, 생명에 대한 근원적인 숭고한 감정이 들어있다. 이 시가 일제로부터 해방된 1946년에 쓰였다는 점도 기억할 만하다. 해방은 일제강점기의 생명 없는 죽음의 세계를 벗어나 새로운 생명이 충만한 세계로 들어가는 것이었으리라.

〈1930년 상해〉(1947)

시 〈1930년 상해〉의 전문을 보자.

겨울날 아침에
입었던 꽈스[중국 옷 상의]를 전당 잡혀
따빙[호떡]을 사 먹는 쿠리[하층 노동자]가 있다.

알라 뚱시[넝마 장수] 치롱 속에
넝마같이 팔려 버릴
어린아이가 둘
한 아이가
나를 보고 웃는다

〈1930년 상해〉에서 유학생 시인 피천득은 급속히 천민 자본주의화가 이루어지던 동양의 파리라 불리던 대도시 상하이의 풍경을 그리고 있다. 1930년대 상하이의 하루 품팔이 노동자들은 추운 겨울인데도 자신의 옷을 전당 잡혀 호떡을 사 먹는다. 중국 하층민들의 궁핍한 생활을 이 시의 첫 연보다 어찌 더 극명하게 그려낼 수 있으랴!

시집 작품 해설 237

2연은 어린이 인신매매라는 한층 더 심각한 문제를 고발한다. 식민주의자들과 중국 상류층의 사치와 풍요의 극치를 이룬 상황에서 하류층 부모들은 얼마나 살기 어려우면 자식들을 인간 시장에 내다 팔겠는가! 그런 와중에도 팔려가는 한 아이가 시인을 보고 웃는다. 얼마나 어처구니없는 해맑은 웃음인가. 시인의 의도는 무엇인가? 이런 전쟁 위기와 절망상황에서도 어린아이는 천진하게 웃을 수 있다.

당시는 유아를 사고파는 이 놀라운 교환가치만 중시되는 살벌한 자본주의 체제하이다. 모든 것이 상품화된 사회상황, 천진난만한 어린아이가 아니라면 결코 웃지 못할 이 기막힌 비인간적 상황을 얼마나 간결하게 표현해내고 있는지 숨이 막힐 지경이다. 이 짧은 시 한 편은 한 권의 장편 역사소설과 맞먹는 놀라운 비판적 서정문학의 절정이다.

피천득 자신이 이 시에 대한 평을 한 적이 있다.

어떤 경우에서든지 승화된 경지라고 할까? 홍분된 상태가 평온으로 돌아와서 과격성이 없어진 뒤에 발표되어야 한다고 생각합니다. 가령 〈1930년 상해〉는 약간 좌파적이라고 할 수 있습니다. 이때 빈부의 차이가 말할 수 없이 심각한 때인데… (김재홍과 대담)

피천득은 대담자 김재홍에게 "시인이라면 누구나 민족이라든가 대중, 혹은 서민을 외면하고 문학을 할 수는 없을 거예요. 그들을 인식하지 않고 문학을 한다면 참다운 문학이 될 수 없겠지요"라고 말한 바 있다. "진정한 문학"이란 "홍분된 상태"를 지나 "승화된 경지"의 "평온" 상태에서 함축성 있게 절제된 언어로 짧게 쓴 서정시다. 피천득의 이러한 서정시 쓰기는 "서정적 사회학"이다. 워즈워스 류의 분출된 감정을 절제시켜 시치미를 뚝 떼고 평온하게 노래하는 것이 독자의 뜨거운 공감을 불러일으키는 최고의 서정 미학이 아니겠는가?

〈파랑새〉 (1958)

그의 시 〈파랑새〉의 일부를 읽어보자.

녹두꽃 향기에
정말 피었나 만져 보고
아 이름까지 빼앗기고 살던 때……

"새야 새야 파랑새야"
눈 비벼 봐도 들리는 노래
눈 비벼 봐도 정녕 들리는 노래

갇혔던 새 아니던들
나는 마디마디
파란 하늘이 그리 스몄으리

…

하늘은 오늘도 차고
얼음장 밑에 흐르는 강물

파랑새 운다

일제강점기에 피천득은 억압과 울분으로 낮에는 높은 하늘과 새들을 쳐다보고 밤에는 하늘의 별들을 쳐다보았다. 창공은 종달새만이 아니라 여러 가지 조류들의 세상이다. 그중 한국인에게 조선 말기에 특히 1894년 동학 농민에게 깊이 각인된 새가 있으니, 파랑새다.

다음은 전래동요 〈새야 새야 파랑새야〉다.

새야 새야 파랑새야 녹두밭에 앉지마라
녹두꽃이 떨어지면 청포장수 울고 간다. (〈파랑새〉 첫 2행)

여기서 "파랑새"의 파란색은 푸른색 군복의 일본군이고 "녹두이랑"은 녹두장군 전봉준이 이끄는 동학 농민군이다. 청포장수는 도탄에 빠진 백성들이다. 피천득은 자신의 아름다운 시 〈파랑새〉의 마지막 연은 일제강점기 창씨개명의 비극을 생각하며 차가운 하늘과 "얼음장 밑에 흐르는 강물"과 파랑새로 끝맺음한다. 이 시는 녹두장군 전봉준을 위한 민중민요 〈파랑새〉와 묘한 시적 공명을 일으키며 조선 말기 청일전쟁 전후의 국난의 시대와 그 후 일제강점기에 피식민 시대를 병치시킨다. 금아의 시 〈파랑새〉는 일종의 서정적 정치시 또는 정치적 서정시이다.

〈이 순간〉(1969)

단형시 중 가장 긴 시인 〈이 순간〉은 피천득 미학의 핵심을 표현하고 있다.

이 순간 내가
별을 쳐다본다는 것은
그 얼마나 화려한 사실인가

오래지 않아
내 귀가 흙이 된다 하더라도
이 순간 내가
제9교향곡을 듣는다는 것은
그 얼마나 찬란한 사실인가

그들이 나를 잊고
내 기억 속에서 그들이 없어진다 하더라도
이 순간 내가
친구들과 웃고 이야기한다는 것은
그 얼마나 즐거운 사실인가

두뇌가 기능을 멈추고
내 손이 썩어 가는 때가 오더라도
이 순간 내가

마음 내키는 대로 글을 쓰고 있다는 것은
허무도 어찌하지 못할 사실이다 (전문)

이 시에는 4개의 순간이 등장한다. 첫째 순간은 "별을 쳐다"보는 순간이다. 별이 사는 우주를 바라본다는 것은 "얼마나 화려한 사실인가." 둘째 순간은 피천득이 가장 좋아하는 베토벤의 "제9교향곡을 듣는" 순간이다. 말년까지 꾸준히 음악 듣기를 일상으로 삼았던 피천득에게 음악을 듣는 시간은 "찬란한" 순간이다. 셋째 순간은 인간사회에서 "친구들과 웃고 이야기"하는 순간이다. 그것은 "즐거운" 순간이다. 마지막 순간은 "마음 내키는 대로 글을 쓰는" 순간이다. 이 순간이야말로 "허무도 어찌하지 못하는" 순간이다. 삶의 순간들이 점(点)이 되어 다시 영원으로 이어지는 선線이 되는 영원 회귀의 순간이다.

피천득에게 순간은 그의 다른 시 〈순간〉과 연계된다. 그의 순간은 윌리엄 워즈워스의 《서시》에 나오는 "시간의 점들"과 연계되며 존 키츠의 순간이 갑작스럽게 떠오르는 한 조각의 "기억"(remembrance)을 연상케 만든다. 제임스 조이스의 자전적 소설 《젊은 예술가의 초상》의 "에피파니"와도 연결되고, 버지니아 울프가 지은 의식의 흐름 장편 소설 《세월》에서의 "순간"과도 겹쳐진다. 어떤 의미에서 시인은 삶의 비전적 "순간"을 언어로 포착하여 기록으로 남기는 언어의 마술사일 것이다. 이렇게 해서 순간은 영원으로 변형되는 것이다.

〈1945년 8월 15일〉(1980)

시인 피천득의 일생 중 가장 감격적 순간은 의심할 여지 없이

1945년 8월 15일에 너무나 갑작스럽게 일제강점기에서 벗어난 해방 解放일 것이다. 피천득은 감당할 수 없는 그때의 감격을 운율을 맞추어야 할 시간도 없었는지 다음과 같이 산문시로 써냈다.

    그때 그 얼굴들. 그 얼굴들은 기쁨이요, 흥분이었다. 그 순간 살아 있다는 것은 축복이요, 보람이었다. 가슴에는 희망이요, 천한 욕심은 없었다. 누구나 정답고 믿음직스러웠다. 누구의 손이나 잡고 싶었다. 얼었던 심장이 녹고 막혔던 혈관이 뚫리는 것 같았다. 같은 피가 흐르고 있었다. 모두 다 '나'가 아니고 '우리'였다.

    산문시지만 8·15해방의 벅찬 감격이 절절하게 독자들에게 잘 전달된다.
    그러나 사실은 1947년 간행된 첫 시집 《서정시집》에 〈8월 15일〉이란 시가 이미 들어있다.

    정말 시인詩人이라면
    지금이야 시를 쓸 텐데
    사흘 동안 어쩔줄을 모르고
    거리를 헤매었소

    정말 시인이라면
    지금이야 시를 쓸 텐데
    사흘밤을 잠을 못들고
    뒤채기만 하였소

그러나 시인이 아니라도 고만이요
아무것도 아니라도 좋소
나는 사람이 되었소
자유의 인민이 되었소 (전문)

 이 시는 《서정시집》에만 실려있고 그 후 나온 시집에는 들어있지 않다. 시인은 이 시가 마음에 안 들었을까? 여하튼 이 시에서 시인은 자신이 시인이라면 8·15해방의 벅찬 감동을 시로 써내야 할 텐데 사흘 밤잠을 설치며 결국 시를 써내지 못한 듯하다. 그러나 시인은 금방 시를 못써내 시인이 아니더라도 이제는 독립된 나라에서 떳떳한 "사람"이 되었으니 상관없다. 무엇보다 36년간의 감시와 억압의 통제하에 있다가 "자유의 인민"이 된 것보다 더 큰 감격이 어디 있겠는가?
 차남 피수영 박사의 증언에 따르면 피천득은 해방이 되자 3살 된 자신을 안고 거리로 뛰어나와 덩실덩실 춤을 추었다고 한다. 그만큼 해방은 피천득에게 최고의 황홀한 순간이었다. 피천득은 일제강점기 때 일본이 아니라 상하이 유학파인 데다가 도산 안창호가 이끄는 흥사단 단우여서 일제에 저항하는 "불령선인"(반동분자)으로 낙인찍혀 당시 경성에서 일제 경찰의 감시를 받으며 변변한 일자리도 얻지 못했던 터였다.
 피천득은 8·15해방의 감격을 아직도 못 견뎠는지 1986년 〈1945년 8월 15일〉이란 수필을 다시 썼다. 그러나 이 수필은 새로 쓴 게 아니라 1980년에 쓴 산문시에다 자신이 쓴 시 〈파랑새〉에서 일부를 개작하여 이어서 하나의 글을 만들었다. 여기에 마지막 연만 소개해 본다. 이제야 산문(시)과 시가 함께 어우러진 시인, 수필가 피천득의 진정한 8·15 감격을 다시 정리한 것일까?

> 꿈에서라도 이런 꿈을 꾼다면
> 정녕 기뻐 미칠 터인데
> 나는 멍—ㅇ하니 서 있고
> 눈물만이 눈물만이 흘러나린다.

여기에서 비로소 피천득은 8·15해방의 감격과 환희에 멍하니 서서 하염없이 눈물을 흘린다. 이제 눈물을 흘렸으니 해방의 기쁨을 제대로 표현한 것일까? 이 눈물은 36년간 막혔던 가슴을 뻥 뚫어준다. 이 눈물은 후에 피천득의 수필 〈눈물〉로 계속 이어지고 있다.

〈비 개고〉(1984)

우리가 '물'을 떠올렸을 때 가장 먼저 생각나는 것은 생명의 약동이다. 이러한 심상을 담고 있는 피천득의 가장 짧은 시 〈비 개고〉를 읽어보자.

> 햇빛에 물살이
> 잉어같이 뛴다
> "날 들었다!" 부르는 소리
> 멀리 메아리친다 (전문)

소낙비가 내리고 난 후 개울의 '물살'이 힘 좋은 잉어같이 뛰어오른다는 표현에서 우리는 빠르게 흐르는 개울물을 '잉어'로 비유하는 역동적 이미지를 잡는다. 여기서 물살은 생명의 충동이며 원천의 이미지다. 펄쩍펄쩍 뛰는 잉어는 생生의 충일함 그 자체이다.

전통적으로 잉어는 출산 직후 산모들이 원기회복을 위해 먹었던 보양식이다. 피천득은 수필 〈춘원〉에서 역동적인 이광수의 모습도 "싱싱하고 윤택하고 '오월의 잉어' 같았다"라고 묘사하고 있다. 우리의 혼을 울리는 4행의 짧은 이 시는 인간과 자연이 조응照應하는 정경교융情景交融의 극치를 보여주는 절창絶唱이다.

〈꽃씨와 도둑〉(1991)

피천득이 말년에 발표한 또 다른 짧은 시 〈꽃씨와 도둑〉을 읽어보자. 서울이라는 대도시에 시적 유목민으로 살면서 전원을 꿈꾸던 시인 피천득은 서재의 책과 마당의 꽃 외에 별다른 값나가는 재산이 없으므로 도둑이 가져갈 게 없다고 말한다.

마당에 꽃이
많이 피었구나

방에는
책들만 있구나

가을에 와서
꽃씨나 가져 가야지 (전문)

'꽃'을 피우는 화초는 나무와 같이 녹색식물이다. '책'은 나무에서 나온 펄프로 만든 종이의 산물이다. 가난한 학자 집의 뜰에는 꽃뿐이고 서재에는 책밖에 없다. 여기서 꽃과 나무는 피천득의 염결하고 청아한 삶과 순수와 서정문학의 환유(換喩, metonymy)이다. 환유란 수사의 하나인 대유법代喩法이다.

어느 봄날 한 도둑이 이 집에 들었다. 그런데 도둑에게는 불운하게도 이곳은 훔쳐서 가지고 나갈 것이 거의 없는 시인 학자의 집이다. 그러나 도둑은 투덜대며 그대로 떠나지 않는다. "가을에 와서/ 꽃씨나 가져가야지." 이 얼마나 놀라운 반전인가? 도둑은 이 학자의 집에서 커다란 깨달음을 얻은 것일까? 이 집에서 꽃씨를 가져다가 자신의 마당에 심겠다는 것이 도둑의 심산인 것 같다. 공자가 《논어》에서 시를 사무사思無邪라 정의했다. 이 시에서 도둑은 사특한 마음을 내려놓은 것일까?

그러면 이 도둑은 개과천선하여 도둑질을 그만두고 새로운 출발을 할 것이 아니겠는가. 피천득은 이 시에서 보이는 자신의 청초淸楚한 삶과 순수한 문학을 도둑이 아닌 우리 모두에게 보여주고자 하는 것이다! 도둑도 꽃과 책을 보고 마음을 바꾸었는데 우리는 어떨 것인가? 어떤 의미에서 우리는 모두 허망한 욕망을 좇아 사는 '도둑'이다. 우리도 도둑처럼 피천득의 삶과 문학에서 '꽃씨'를 받아내야 하지 않겠는가? 이런 마음이야말로 우리를 어린이와 나무가 되는 길로 인도할 것이기 때문이리라.

〈그들〉 (2002)

금아 피천득이 세상을 떠나기 5년 전인 2002년 계간 문예지 《시와 시학》에 발표한 말년의 짧은 시 〈그들〉을 읽어본다.

> 만리장성
> 피라미드
> 그들의 피가 흐르고 있다.
> 그리스의 영광
> 로마의 장엄
> 그들의 신음 소리가 들린다. (전문)

여기서 '그들'은 누구인가? 물론 피압박 피착취 민중들이다. 고대 중국의 만리장성의 위용과 고대 이집트의 피라미드의 신비는 모두 "그들의" "피" 위에 세워진 것이다. 서양문명의 토대인 그리스의 영광과 로마의 장엄도 모두 노예와 민중들의 "신음소리"에서 태어난 것이다. "인류의 역사는 야만의 역사이다"라는 말은 결코 틀린 말이 아니다. 역사상의 거대한 토건 사업은 한 왕이나 왕조의 통치 이데올로기를 공고히 하기 위해 대개는 일반 하층민들의 억압과 착취 속에서 이루어진다. 거대한 기념비, 제단, 성채, 왕궁 등은 막대한 세금부담과 부당한 노동력 착취로 이루어진 결과물이다. 이것이 인간 역사의 슬픈 역설이며 거대한 모순이다. 피압박 민중의 "피"와 "신음 소리"는 찬란한 인간 문명의 업적 아래에 숨겨져 있다. 인간의 야만적인 역사에 대한 피천득의 비판은 차분하지만, 이 시를 읽는 독자들의 마음속에는 거친 분노가 흐르게 만든다.

만년의 피천득은 이 시에서 인류의 문명을 비판하는 역사시를 쓴 것이다. 우리는 흔히 말년에는 우주와 자연으로 돌아가기 직전에 세상과의 모든 싸움을 멈추고 화해하고 조화를 모색한다. 그러나 피천득의 "말년의 양식"은 체념과 고요와 평화에만 두지 않았다! 피천득은 90세가 넘어서도 '저항'을 멈추지 않았다. 그는 말년에도 화해와 저항의 분열 없이 동시에 내면에서 치열하게 작동시켰던 역동적 시인이었다. 그는 결코 인간 억압과 사회 불의와 식민제국주의의 착취와 화해하지 않았다. 이것이 피천득의 "소극적 저항"으로서의 "말년의 양식"인 것이다.

자유역을 통한 개작시

피천득은 1959년에 펴낸 《금아시문선》에서 시부詩部와 산문부散文部로 나누었다. 시부 끝 부분에는 창작시와 외국 번역시를 함께 실었다. 산문부에 수필을 실었고 끝 부분에 자작시를 영역하여 실었다. 여기에서 특이한 것은 번역부를 따로 만들지 않고 창작시와 창작수필 뒤에 붙인 점이다. 특히 외국 번역 부분 끝에 16세기 영국 시인 에드먼드 스펜서(1552~1599)의 14행시인 소네트집 《아모레티》에서 2편을 자유 번역하여 시조체로 개작했다.

우선 스펜서의 소네트 30번의 전문 번역을 읽어보자.

내 애인은 얼음과 같고 나는 불과 같은데,
어찌하여 그토록 차가운 그의 마음이

이토록 뜨거운 나의 욕망에 녹지도 않고,
나의 애원이 간절할수록 굳어만 지는가?
또한 어찌하여 나의 이 엄청난 열熱은
그의 가슴 얼어붙은 차가움에 누그러지질 않고,
내 가슴 더욱 불타 땀 뻘뻘 흘리며,
나는 더욱더 타오르는 불길을 느끼는가?
이보다 큰 무슨 기적이 있어,
만물을 녹이는 불이 얼음을 굳히고,
매정한 추위에 얼어붙는 얼음이,
놀라운 솜씨로 불을 타오르게 하랴?
상냥스런 맘속에 깃든 사랑의 위력은,
이토록 세상 모든 본질을 바꿀 수 있도다. (박기열 옮김)

피천득은 이 14행시를 다음과 같이 시조체인 자유시로 번역했다기보다 개작改作으로 새로운 시를 창작했다.

임은 얼음이요.
이 마음은 불이로다

불 더울수록
얼음 더욱 굳어지고

얼음 차질수록
불은 더욱 뜨거워라

여기서 쟁점은 엄격한 의미에서 위의 개작시가 번역인가의 문제이다. 이 번역은 엄밀한 의미에서 번역이라기보다 일종의 자유역 또는 번안翻案이다. 나아가 편집자가 보기에는 거의 창작에 가까운 이것은 개작시改作詩다. 편집자는 이 개작을 제2의 창작으로 볼 수 있다고 믿는다.

영국 신고전주의 시대인 18세기에는 이미 고전시대에 주로 그리스와 로마 시대에 쓰인 작품들을 모방하여 자기 시대에 맞게 개작하는 경우가 많았다. 일례로 17세기 말 영국의 대시인, 극작가였던 존 드라이든(1633~1700)은 셰익스피어의 비극《안토니와 클레오파트라》를 자신 시대의 극작 원리인 삼일치 법칙에 맞추어 개작하여《사랑을 위해 모든 것을》(1678)을 발표했다. 영문학사에서는 이 작품을 독립적 창작품으로 간주한다. 또한 이 시대는 그리스, 로마의 고전 시인 작품을 모방(imitation)이란 이름으로 많은 시 작품들을 창작했다. 미국 문학사에서도 20세기 시인 에즈라 파운드(1885~1972)는 중국어와 한문을 몰랐으나 중국 시 영역본을 토대로 여러 편의 중국 시를 개작하여 훌륭한 영어 창작시로 만들었다.

셰익스피어도 154편이 실린 소네트집에서 마지막 두 편 153, 154번은 고대 그리스 시편 중 당시 영어로 번역된 일부를 자유역으로 개작하여 창작품으로 간주하여 자신의 창작 소네트에 포함했다. 이뿐 아니라 서정시인으로 출발한 셰익스피어의 대부분의 극 작품들도 그 자신이 독창적으로 모두 창작한 것이 아니라 이전의 역사서나 다른 문학작품을 원자료 토대로 하여 개작하거나 전혀 새로운 것으로 창작한 작품들이다. 그렇다고 해서 우리는 셰익스피어 작품을 모두 모방작이라고 말하지 않는다. 어떤 시인이나 작가가 무無에서 창작해

낼 수 있을까? 태양 아래 새로운 것은 없다. 한 작가의 진정한 천재성은 이미 있던 것을 개작해서 변신시키는 능력이 아닐까? 따라서 모든 번역 개작시는 창작시라고 볼 수 있다.

이렇게 볼 때 피천득은 스펜서와 셰익스피어 소네트의 일부를 번역이란 이름으로 개작(adaptation) 또는 모방(imitation)의 방식으로 새로운 한국시를 창작했다고 볼 수 있다. 후에 피천득은 셰익스피어 소네트 6편을 자유시로 개작하여 번역시집에 실었다. 그 후 그중 한 편을 다시 시조체로 개작하여 발표했다. 이를 구체적으로 살펴보자.

이번에는 셰익스피어 소네트 번역에서 예를 들어보자. 우선 피천득이 번역한 소네트 104번을 읽어보자.

아름다운 친구여, 내 생각엔 그대는 늙을 수 없는 것 같아라
내가 처음 그대의 얼굴을 봤을 때같이
지금도 그렇게 아름다워라. 추운 겨울에 세 번이나
나무 숲에서 여름의 자랑을 흔들어버렸고,
아름다운 봄이 세 번이나 황금빛 가을로 변했어라
계절의 변화를 눈여겨 보았더니
4월의 향기가 세 번이나 뜨거운 6월에 불탔어라
싱싱하고 푸르른 그대를 처음 뵈온 이래로
아! 그러나 아름다움이란 해시계의 바늘처럼
그 숫자에서 발걸음도 안 보이게 도망치도다
그대의 고운 자색姿色도 내 변함없다고 여기지만
실은 움직이며, 내 눈이 아마 속는 것이로다.
  그 염려 있나니 너 아직 태어나지 않은 세대여, 들으라

     너희들이 나기 전에 미의 여름은 이미 죽었어라

 피천득은 셰익스피어 소네트 104번을 다음과 같이 자유시로 개작하였다.

    지금도 그대 젊음
    예전같이 고운지고

    세 번 사월 향기
    유월 볕에 세 번 타다

    머문 듯 가는 것을
    내 눈이라 속는 것이

    들으라 후세 사람아
    미美는 이미 졌느니 (1994)

 14행시가 이렇게 8행의 자유시로 개작되었으며, 피천득은 몇 년 후 이 자유시를 다시 한국 고유의 정형시인 시조체로 다음과 같이 개작하였다.

    지금도 그대 젊은 예전같이 고운지고
    세 번 사월 향기 유월 볕에 세 번 타다
    머문 듯 가는 젊음을 내 눈이라 속였으니

《시조문학》제12호 1997 가을호)

이렇게 볼 때 위와 같은 개작시는 번역이 아니라 창작시로 보아야 한다. 편집자는 셰익스피어를 비롯해 그 후 많은 작가들, 그리고 피천득 자신의 예를 따라 이러한 자유 개작을 단순한 번역으로 보지 않고 창작으로 간주하여 이 창작시집에 포함시켰다.

사랑의 윤리학을 위하여

사랑의 실천이 궁극적 목표였던 금아 문학에서 핵심적 단어인 정(情), 사랑, 아름다움, 기쁨은 결국 그의 시 세계의 지배적 이미지들인 물, 여성, 어린아이를 통해 반복하고 변형하며 구체화한다. 이것들은 다시 충일한 생명의 노래가 되고 실천하는 사랑의 윤리학이 된다.

생명의 근원인 '물', '여성', '어린아이' 이미지가 금아 문학의 형식과 주제(사상)를 결정한다. 이 생명의 이미지들이 금아 시의 형식인 (1) 서정시, (2) 정형시, (3) 단시(짧은 시)로 전개되는데, 이 형식들은 금아 시의 주제에 아주 잘 어울린다.

서정성을 통해 인간과 인간, 인간과 자연의 정과 사랑을 노래하고, 규칙적 형식을 통해 음악성에 기초한 생의 리듬과 반복이 드러나며, 짧은 시를 통해 응축되고 강력한 음악적 효과를 성취할 수 있다. 금아 시의 주제(사상)는 (1) 단순, 소박, 검소, (2) 정과 사랑, (3) 겸손과 온유(부드러움)이다. 이런 특징들이 동서양을 아우르고자 했던 금아 문학의 "구체적 보편"으로 이어진다. 이러한 보편성이야말로 금아 문학이 오늘날과 같은 전지구적 세계시민 시대에도 지속할 수 있는 근거다.

　1910년 태어난 금아 피천득은 1919년 3·1운동을 통과하고 36년 간의 기나긴 일제강점기를 거쳐 해방 공간과 한국전쟁, 4·19혁명, 5·16군사정변, 1988년 서울올림픽 그리고 2002년의 월드컵까지 근대 한국의 다양한 역사를 가로지르며 100세 가까이 살았다. 혼돈과 격변의 시대를 겪어온 작가로서 자신을 온전하게 지키는 데에는 위에서 언급한 생존 전략들이 필요했을 것이다.

　모순과 배반의 시대에 피천득만큼 생명을 경외하고 사랑을 완성하고자 한 시인도 흔치 않다. 노장사상과 성경에도 중요하게 등장하는 물, 여성, 어린아이를 통해 금아 시를 읽는 접근 방식을 더욱 확대하여 그의 수필 문학은 물론 번역문학에도 적용할 수 있다. 금아에게 시, 수필, 번역은 하나였다. 금아의 문학 세계는 이 세 장르를 서로 유기적으로 연계시켜 논의할 때 온전히 드러날 수 있으리라.

　그의 창작시는 그가 사랑했던 영미, 중국, 일본, 인도의 번역시들과 분리할 수 없다. 이런 의미에서 금아 문학의 원류는 한국 고전시(황진이)와 동시대 시인들(소월 등), 나아가 그가 암송하고 좋아했던 많은 외국 시들과의 비교문학적 안목에서 폭넓게 규명할 필요가 있다. 이런 작업이 제대로 이루어질 때 금아 문학은 가장 한국적이면서도 동시에 세계적인 의미가 드러날 것이다.

　피천득의 대표 시는 어떤 것일까? 독자마다 평자마다 의견이 분분하다. 여기에 편집자는 〈축복〉, 〈비 개고〉, 〈산야〉, 〈생명〉, 〈1930년 상해〉, 〈이 순간〉, 〈만남〉, 〈꽃씨와 도둑〉, 〈너〉를 선택하고 싶다. 아무리 좋은 작품을 많이 남겼더라도 후세 독자들이 읽거나 암송으로 입에 오르내리는 작품 3편만 남겨도 성공한 시인이리라. 이런 의미에서 시인 피천득은 성공한 문인임이 틀림없다.

편집자 정정호

피천득 문학 전집 출판지원금 후원자 명단 (가나다 순)

강기옥	김미원	김윤숭	박무형	신명희
강기재	김미자	김재만	박성수	신문수
강내희	김복남	김정화	박순득	신숙영
강순애	김부배	김준한	박영배	신윤정
강은경	김상임	김진모	박영원	신호경
강의정	김상택	김진용	박윤경	심명호
강지영	김석인	김철교	박인기	심미애
고동준	김선웅	김철진	박정자	심재남
고순복	김선주	김필수	박정희	심재철
고윤섭	김성숙	김한성	박종숙	안 숙
공혜련	김성옥	김해연	박주형	안국신
곽효환	김성원	김현서	박준언	안성호
구대회	김성희	김현수	박춘희	안양희
구명숙	김소엽	김현옥	박희성	안윤정
구양근	김숙효	김후란	박희진	안현기
국혜숙	김숙희	김훈동	반숙자	양미경
권남희	김시림	김희재	배시화	양미숙
권오량	김애자	나종문	변주선	양영주
권정애	김 영	나태주	변희정	염경순
김갑수	김영석	노재연	부태식	오경자
김경나	김영숙	류대우	서 숙	오문길
김경수	김영애	류수인	서수옥	오세윤
김경애	김영의	류혜윤	서장원	오숙영
김경우	김영태	문수점	석민자	오영문
김광태	김용덕	문용린	성춘복	오차숙
김국자	김용옥	민명자	소영순	오해균
김기원	김용재	민은선	손 신	우상균
김남조	김용학	박 순	손광성	우한용
김달호	김우종	박경란	손은국	우형숙
김대원	김우창	박규원	손해일	원대동
김두규	심유조	박기옥	송은영	위성숙

시집 꽃씨와 도둑 257

유미숙	이승하	장석환	차현령
유병숙	이애영	장성덕	채현병
유안진	이영란	장종현	천옥희
유자효	이영만	장학순	최미경
유종호	이영옥	전대길	최성희
유해리	이영자	전명희	최원주
유혜자	이원복	정경숙	최원현
윤근식	이은채	정목일	최현미
윤재민	이인선	정 민	추재욱
윤재천	이재섭	정범순	피수영
윤형두	이재희	정복근	하영애
윤희육	이정록	정선교	한경자
이경은	이정림	정우영	한경자
이광복	이정연	정은기	한종인
이근배	이정희	정익순	한종협
이기태	이제이	정정호	허선주
이길규	이종화	정혜연	홍미숙
이달덕	이창국	정혜진	홍영선
이동순	이창선	정희선	황경옥
이루다	이태우	조광현	황길신
이루다	이해인	조남대	황소지
이만식	이형주	조무아	황아숙
이배용	이혜성	조미경	황은미
이병준	이혜연	조순영	황적륜
이병헌	이혜영	조은희	금아피천득선생 기념사업회
이병호	이후승	조정은	금아피천득문학전집 간행위원회
이상규	이희숙	조중행	서울사대 동창회
이상혁	인연정	조한숙	서울사대영어교육과 동창회
이선우	임공희	주기영	서초구청
이성호	임수홍	지은경	재) 심산문화재단
이소영	임종본	진길자	주) 매일유업
이수정	임헌영	진선철	주) 인풍
이순향	장경진	진우곤	

편집자 소개

정정호(鄭正浩) 1947년 서울 출생.
서울대학교 영어교육과 졸업. 같은 대학원 영어영문학과 석사 및 박사과정 수료.
미국 위스콘신(밀워키) 대학교에서 영문학 박사 학위(Ph.D.) 취득. 홍익대와 중앙대 영어영문학과 교수 · 한국영어영문학회장과 국제비교문학회(ICLA) 부회장 · 국제 PEN한국본부 전무이사와 제2회 세계한글작가대회(경주, 2016) 집행위원장.
최근 주요 저서 : 《피천득 평전》(2017)과 《문학의 타작: 한국문학, 영미문학, 비교문학, 세계문학》(2019), 《번역은 사랑의 수고이다》(이소영 공저, 2020), 《피천득 문학세계》(2021) 등.
수상: 김기림 문학상(평론), 한국 문학비평가협회상, PEN번역문학상 등.
현재, 국제 PEN한국본부 번역원장, 금아피천득선생기념사업회 부회장.

피천득 문학 전집 1 시집

꽃씨와 도둑

초판 1쇄 발행 2022년 5월 10일
초판 2쇄 발행 2024년 4월 10일

책임편집	정정호
펴낸이	윤형두
펴낸곳	범우사

등록번호 제 406-2004-000048호(1966년 8월 3일)
(10881) 경기도 파주시 광인사길 9-13 (문발동)
대표전화 031)955-6900, 팩스 031)955-6905

홈페이지 www.bumwoosa.co.kr
이메일 bumwoosa1966@naver.com

ISBN 978-89-08-12473-8 04080
ISBN 978-89-08-12472-1 04080 SET

＊ 잘못된 책은 바꾸어 드립니다.